POLÍTICAS E GESTÃO DA EDUCAÇÃO NO BRASIL
QUESTÕES CONTEMPORÂNEAS

Editora Appris Ltda.
1.ª Edição - Copyright© 2024 dos autores
Direitos de Edição Reservados à Editora Appris Ltda.

Nenhuma parte desta obra poderá ser utilizada indevidamente, sem estar de acordo com a Lei nº 9.610/98. Se incorreções forem encontradas, serão de exclusiva responsabilidade de seus organizadores. Foi realizado o Depósito Legal na Fundação Biblioteca Nacional, de acordo com as Leis nos 10.994, de 14/12/2004, e 12.192, de 14/01/2010.

Catalogação na Fonte
Elaborado por: Dayanne Leal Souza
Bibliotecária CRB 9/2162

P769p 2024	Políticas e gestão da educação no Brasil: questões contemporâneas / Alboni Marisa Dudeque Pianovski Vieira, Maria Lourdes Gisi, Sirley Terezinha Filipak (orgs.). – 1. ed. – Curitiba: Appris, 2024. 174 p. : il. ; 23 cm. (Coleção Educação – Políticas e Debates). Vários autores. Inclui referências. ISBN 978-65-250-6170-2 1. Gestão. 2. Educação. 3. Políticas. I. Vieira, Alboni Marisa Dudeque Pianovski. II. Gisi, Maria Lourdes. III. Filipak, Sirley Terezinha. IV. Título. V. Série. CDD – 370.7

Livro de acordo com a normalização técnica da ABNT

Appris
editora

Editora e Livraria Appris Ltda.
Av. Manoel Ribas, 2265 – Mercês
Curitiba/PR – CEP: 80810-002
Tel. (41) 3156 - 4731
www.editoraappris.com.br

Printed in Brazil
Impresso no Brasil

Alboni Marisa Dudeque Pianovski Vieira
Maria Lourdes Gisi
Sirley Terezinha Filipak
(orgs.)

POLÍTICAS E GESTÃO DA EDUCAÇÃO NO BRASIL
QUESTÕES CONTEMPORÂNEAS

FICHA TÉCNICA

EDITORIAL	Augusto V. de A. Coelho
	Sara C. de Andrade Coelho
COMITÊ EDITORIAL	Marli Caetano
	Andréa Barbosa Gouveia - UFPR
	Edmeire C. Pereira - UFPR
	Iraneide da Silva - UFC
	Jacques de Lima Ferreira - UP
SUPERVISOR DA PRODUÇÃO	Renata Cristina Lopes Miccelli
PRODUÇÃO EDITORIAL	Daniela Nazário
REVISÃO	Camila Dias Manoel
DIAGRAMAÇÃO	Carlos Eduardo H. Pereira
CAPA	Kananda Ferreira
REVISÃO DE PROVA	Sabrina Costa

COMITÊ CIENTÍFICO DA COLEÇÃO EDUCAÇÃO — POLÍTICAS E DEBATES

DIREÇÃO CIENTÍFICA Andréa Barbosa Gouveia

CONSULTORES
- Amarildo Pinheiro Magalhães - IFPR
- Ângela Mara de Barros Lara - UEM
- Angelo Ricardo de Souza - UFPR
- Cláudia Cristina Ferreira - UEL
- Dalva Valente - UFPA
- Denise Ismênia Grassano Ortenzi - UEL
- Edcleia Aparecida Basso - UNESPAR
- Fabricio Carvalho - UFPA
- Fernanda Coelho Liberali - PUC-SP
- Geovana Lunardi - UDESC
- Gilda Araujo - UFES
- Gladys Barreyro - USP
- Juca Gil - UFRGS
- Magna Soares - UFRN
- Marcia Jacomini - USP
- Marcos Alexandre Santos Ferraz - UFPR
- Maria Dilnéia Espíndola - UFMS
- Maria Vieira Silva - UFU
- Marisa Duarte - UFMG
- Nalu Farenzena - UFRGS
- Odair Luiz Nadin - UNESP
- Regina Cestari - UCDB
- Rosana Evangelista Cruz - UFPI
- Rosana Gemaque - UFPA
- Savana Diniz - UFMG

INTERNACIONAIS
- Fernanda Saforcada – Universidade de Buenos Aires - Argentina
- Gabriela Vilariño – Universidade de Lujan - Argentina
- Jorge Alarcón Leiva – Universidade de Talca - Chile
- Rosa Serradas Duarte - Universidade Lusófona de Lisboa - Portugal

APRESENTAÇÃO

A coletânea *Políticas e gestão da educação no Brasil: questões contemporâneas*, organizada pelas Prof.ªˢ Dr.ªˢ Alboni Marisa Dudeque Pianovski Vieira, Maria Lourdes Gisi e Sirley Terezinha Filipak, é fruto de estudos e pesquisas realizados pelos integrantes da linha História e Políticas da Educação e Formação de Professores do Programa de Pós-Graduação em Educação (mestrado e doutorado) da Pontifícia Universidade Católica do Paraná.

Aqui estão reunidas pesquisas que tratam das influências portuguesas no Brasil nas primeiras formas de instrução dos brasileiros; dos limites impostos pela performatividade e pelo gerencialismo na gestão educacional; da gestão escolar democrática em seu processo de construção; das políticas educacionais recentes no país, como a prioridade nos resultados de aprendizagem e a formação continuada de professores; da (in)visibilidade das políticas de formação de professores para a educação profissional; da comunicação efetiva como ferramenta da gestão democrático-participativa; e do clima e da cultura organizacional da escola em um ambiente de gestão democrática.

Os temas selecionados consideram a elaboração de políticas públicas educacionais com foco na gestão escolar democrática, na esteira dos direitos sociais garantidos constitucionalmente. São tópicos contemporâneos, que resultam de estudos atuais e aprofundados, objeto de dissertações e teses na área das políticas públicas de gestão da educação. Dessa forma, espera-se contribuir para o avanço das pesquisas na área, propiciando novas reflexões e debates no campo educacional.

O capítulo "As influências portuguesas no Brasil: as primeiras formas de instrução dos brasileiros", de Erika Ferreira Floriano e Maria Lourdes Gisi, começa afirmando que a escola é a instituição que melhor retrata a sociedade, suas relações e seus efeitos. Nela se observam intencionalidades tanto do Estado quanto dos dirigentes escolares. Apresenta um breve histórico do início da instrução do período da educação jesuítica e pombalina até a educação no Brasil independente. A educação no Brasil não pode ser descrita sem a análise da história das primeiras formas de instrução, dizem, assim como da história econômica brasileira, com a formação do mercado de trabalho. Tal explanação é marcada pelos diversos processos econômicos que culminam em mudanças na estrutura social.

Na sequência, em "Gestão escolar democrática: uma gestão em construção", os autores Joelcio Saibot e Sirley Terezinha Filipak contextualizam a gestão democrática sob os princípios constitucionais, indagando de que forma ela poderia ser implementada na prática escolar, aduzindo reflexões sobre qual seria o papel do gestor nesse processo. O estudo resultou de pesquisa bibliográfica e documental, com abordagem qualitativa, tratando da educação nas sete Constituições brasileiras (1824, 1891, 1934, 1937, 1946, 1967 e 1988) e demonstrando como o princípio da gestão democrática, constante da Constituição atual, foi construído. Para tanto, o apoio em trabalhos de Libâneo, Lück, Luckesi e Paro foi fundamental.

O capítulo "Gestão educacional: os limites impostos pela performatividade e pelo gerencialismo", de Haroldo Andriguetto Junior, tem como objetivo demonstrar os limites impostos pelo gerencialismo e pela performatividade à prática da gestão educacional. Trata-se de um estudo qualitativo, baseado em relatos de gestores educacionais de escolas públicas e privadas. À luz de Pierre Bourdieu e Stephan Ball, os dados demonstraram que tanto gerencialismo quanto performatividade limitam a gestão educacional. Ambos são incapazes de contemplar a complexidade institucional; são superficiais quando tentam medir o conhecimento acumulado ou apreendido, pela particularidade, pela subjetividade e pelo dinamismo das relações de ensino e aprendizagem; e, por fim, são falhos, porque a natureza do trabalho escolar não comporta uniformização e padronização.

No capítulo "Recentes políticas educacionais no Brasil: a prioridade nos resultados de aprendizagem em meio a disputas e tensões", Carlos Eduardo Sanches analisa as políticas educacionais implementadas nos últimos dez anos, no Brasil, demonstrando que não constituem uma ampla e articulada reforma educacional. Tais políticas não surgiram de iniciativas propostas por um único governo, mas foram planejadas em momentos (governos) distintos e estão sendo implementadas isoladamente, de maneira sequenciada. Desta forma, não estão diretamente atreladas à sistemática de financiamento da educação. A Emenda Constitucional 108/2020, no entanto, tornou permanente o Fundo de Manutenção e Desenvolvimento da Educação Básica e de Valorização dos Profissionais da Educação (Fundeb) e criou a regra sobre como os governos estaduais devem destinar parte de sua receita com o Imposto sobre Circulação de Mercadorias e Serviços (ICMS) para as prefeituras; e, tanto no Fundeb como no ICMS, a combinação de melhoria da aprendizagem com a redução das desigualdades educacionais ganha destaque.

Em "Políticas públicas e gestão escolar: cursos, palestras e oficinas no processo de formação continuada de professores em Curitiba, no período 1996-2016", Edson Rodrigues Passos e Alboni Marisa Dudeque Pianovski Vieira, em estudo financiado pela Fundação Araucária, debatem os desafios da formação continuada de professores na educação básica, em particular na esfera municipal de Curitiba. A ideia que permeia o texto é a de que os saberes construídos ao longo de anos de estudos, pelos professores, não são aquisições vitalícias e suficientes para que se dê conta da educação dos estudantes em face dos desafios que a realidade contemporânea impõe. Sendo assim, o processo de formação continuada de professores não está simplesmente orientado no sentido de acumular conhecimentos, mas de prepará-los para lidar com as mudanças, os avanços e as transformações no mundo. As políticas públicas de formação de professores em Curitiba no período proposto são, portanto, investigadas criticamente, em pesquisa bibliográfica e documental.

O capítulo "A (in)visibilidade das políticas de formação de professores para a educação profissional na legislação brasileira", de Diana Gurgel Pegorino e Maria Lourdes Gisi, busca analisar as políticas de formação de professores para a educação profissional técnica, com base nas novas diretrizes curriculares para a formação inicial e continuada de professores para a educação básica. Começa apresentando a trajetória histórica relacionada à formação técnica e profissional no Brasil até o atual contexto, em que a pedagogia das competências e das habilidades, agora revestida de novo discurso, é colocada como nova resposta para todos os problemas da educação. A Rede Federal de Educação Profissional encontra-se do outro lado da trincheira, defendendo a escola unitária e promovendo uma formação humanizada, integral, desinteressada (como preconizado por Gramsci) do educando, preparando-o para o mundo do trabalho.

Em "A comunicação efetiva como ferramenta da gestão democrático-participativa", Vanessa Rita Barazzetti, no contexto de um mundo em que se trabalha, na maioria das vezes, de forma tecnicista e burocrática, discute como o gestor pode adotar uma atitude humanizada em relação aos conhecimentos e à formação de profissionais e cidadãos. Para isso, analisa as funções da comunicação e de que forma a comunicação pode legitimar a gestão democrático-participativa na escola. Nesse contexto, destaca o papel do gestor educacional como intermediário e apaziguador de situações de conflito existentes entre docentes e considera que, nesse viés, a comunicação adequada pode ser um dos aspectos mais importantes e auxiliadores do gestor.

O último capítulo da coletânea, intitulado "Gestão democrática, clima e cultura organizacional da escola", de autoria de Sirley Terezinha Filipak, Valdir Borges, Jakeline Krast e Adriane Pinheiro da Silva, investiga a gestão democrática, o clima e a cultura organizacional da escola, analisando seus conceitos e suas interferências na qualidade do ensino. A pesquisa é bibliográfica, com abordagem qualitativa. O texto relaciona os elementos estudados em sua relação com a gestão democrática escolar e busca estabelecer uma relação causal entre eles, considerando a importância, a influência e os efeitos do clima e da cultura organizacional nas dinâmicas dos estabelecimentos de ensino, em seu processo de gestão democrático-participativa.

*

Esperamos que os trabalhos constantes desta obra propiciem novas reflexões e debates sobre a gestão educacional democrática, abrindo novas perspectivas para que, no cotidiano escolar, estudantes, professores e gestores vivenciem esse processo e possam colaborar para seu aperfeiçoamento e institucionalização.

As organizadoras,
Alboni Marisa Dudeque Pianovski Vieira
Maria Lourdes Gisi
Sirley Terezinha Filipak

SUMÁRIO

1
AS INFLUÊNCIAS PORTUGUESAS NO BRASIL: AS PRIMEIRAS FORMAS DE INSTRUÇÃO DOS BRASILEIROS..........................11
Erika Ferreira Floriano
Maria Lourdes Gisi

2
GESTÃO ESCOLAR DEMOCRÁTICA: UMA GESTÃO EM CONSTRUÇÃO..........................29
Joelcio Saibot
Sirley Terezinha Filipak

3
GESTÃO EDUCACIONAL: OS LIMITES IMPOSTOS PELA PERFORMATIVIDADE E PELO GERENCIALISMO......................51
Haroldo Andriguetto Junior

4
RECENTES POLÍTICAS EDUCACIONAIS NO BRASIL: A PRIORIDADE NOS RESULTADOS DE APRENDIZAGEM EM MEIO A DISPUTAS E TENSÕES..........................71
Carlos Eduardo Sanches

5
POLÍTICAS PÚBLICAS E GESTÃO ESCOLAR: CURSOS, PALESTRAS E OFICINAS NO PROCESSO DE FORMAÇÃO CONTINUADA DE PROFESSORES EM CURITIBA, NO PERÍODO 1996-2016................93
Edson Rodrigues Passos
Alboni Marisa Dudeque Pianovski Vieira

6
A (IN)VISIBILIDADE DAS POLÍTICAS DE FORMAÇÃO DE PROFESSORES PARA A EDUCAÇÃO PROFISSIONAL NA LEGISLAÇÃO BRASILEIRA 113

Diana Gurgel Pegorini

Maria Lourdes Gisi

7
A COMUNICAÇÃO EFETIVA COMO FERRAMENTA DA GESTÃO DEMOCRÁTICO-PARTICIPATIVA 131

Vanessa Rita Barazzetti

8
GESTÃO DEMOCRÁTICA, CLIMA E CULTURA ORGANIZACIONAL DA ESCOLA 151

Sirley Terezinha Filipak

Valdir Borges

Jakeline Krast

Adriane Pinheiro da Silva

SOBRE OS AUTORES 169

1

AS INFLUÊNCIAS PORTUGUESAS NO BRASIL: AS PRIMEIRAS FORMAS DE INSTRUÇÃO DOS BRASILEIROS

Erika Ferreira Floriano

Maria Lourdes Gisi

A escola é a instituição que mais bem retrata a sociedade, suas relações e seus efeitos. Nela se observam intencionalidades tanto do Estado quanto dos dirigentes escolares. Saviani (2008)[1], pois, descreve a origem da instituição escolar desde a Grécia Antiga, com a educação dos homens livres baseada na *paideia* (termo empregado para sintetizar a noção de educação na sociedade grega clássica), enquanto a educação dos escravos acontecia fora do contexto escolar, uma vez que estes deveriam adquirir conhecimentos em seu processo de trabalho. Mas ao longo da história as concepções de ensino sofrem transformações, influenciadas pelos pensamentos de cada época. Assim, as educações ateniense, espartana e romana serão marcadas pela forte organização do Estado, enquanto na Idade Média a Igreja Católica é quem dominará o cenário educacional.

Durante os séculos XVIII e XIX, narra Gomes (2007), a Europa passa por um período de diversas novidades nas ciências, nas artes e na política. Um dos exemplos de inovação, o tear mecânico, impulsiona a Revolução Industrial. Na política, ocorre a independência das colônias no continente americano e, ao mesmo tempo, na Europa, a Revolução Francesa de 1789 abala antigas estruturas políticas.

Todavia, Portugal permanece inerte às mudanças: apesar de os portugueses impulsionarem a era das grandes navegações e descobertas, o país, no período em questão, está longe da grande metrópole de outrora. Esse cenário é motivado por questões de economia, demografia, política e religiosidade.

---

[1] Conferência de abertura do V Colóquio de Pesquisa sobre Instituições Escolares da Universidade Nove de Julho.

A população portuguesa é relativamente pequena nesse período, sem muitos recursos para manter, proteger e desenvolver o seu império colonial. Sua economia, extrativista e mercantil, depende da mão de obra escrava, sendo Portugal, basicamente, um entreposto comercial de suas colônias. Mesmo recebendo vários navios, a riqueza não para na região, considerada nesse momento uma terra pobre e com escassez de capital. Como no século XIX Portugal é um país extremamente conservador diante das ideias libertárias que surgem no interior da Europa, a decadência portuguesa também tem viés político e religioso. A Igreja Católica detém forte influência sobre as decisões no país, tendo a expressiva marca de 10% da população pertencendo a ordens religiosas ou com alguma dependência das instituições monásticas. Um episódio que retrata a influência da Igreja Católica no trono português é a morte do príncipe regente D. João, causada por varíola após sua mãe, D. Maria I, proibir médicos de ministrarem a vacina, sob a alegação de que a vida e a morte dependem de Deus e a ciência não deve interferir no processo (Gomes, 2007).

O cenário português reflete-se na sociedade brasileira, uma vez que as ordens da coroa também são seguidas no território, assim como seus ideais e concepções a respeito da cultura, da organização social e da educação. A busca portuguesa em implantar o conjunto de valores europeu, minando a diversidade cultural do território, envolve o envio da Companhia de Jesus ao Brasil no ano de 1549.

A Companhia de Jesus, de acordo com Maciel e Shigunov Neto (2006), pode ser definida enquanto ordem religiosa composta por padres conhecidos como jesuítas. Foi fundada por Inácio de Loyola em 1534, sendo então uma forte congregação religiosa, que em 1606 conta com 13 mil membros. Com propósitos como confissão, pregação e catequização, a Companhia de Jesus tem maior êxito no campo educacional, em um momento em que a Igreja Católica tenta combater a Reforma protestante. A congregação é um dos principais instrumentos da Contrarreforma, usando duas estratégias: a educação — de portugueses e indígenas — e a ação missionária, que visou à conversão à fé católica dos povos submetidos à colonização portuguesa.

A educação jesuíta e pombalina

Ambas as estratégias jesuíticas chegam ao Brasil. No caso da escola jesuítica no contexto do Brasil Colônia, há a premissa de ensinar a ler, escrever, contar e cantar, visando principalmente à formação de novos missionários. Inicialmente, os colégios jesuítas são pensados para os indígenas, chamados de gentios, e posteriormente são agregados os filhos de cristãos, a fim de ensinar e doutrinar. Contudo, cabe aqui uma questão pertinente nesse cenário: por que alfabetizar indígenas, se nem os portugueses são alfabetizados? Para Paiva, a resposta está na ligação da alfabetização à adesão cultural, que é determinada pelo grau de organização social. O autor revela que, em certo momento, os jesuítas consideram a catequização indígena desnecessária. A abordagem portuguesa de dominação das terras brasileiras segue nos anos seguintes, e a formação dos brasileiros orienta-se pelas demandas portuguesas e pelas necessidades de subordinação dos nativos (Paiva, 2020).

Ao definir o que ensinar em terras brasileiras, a Companhia de Jesus, além de delimitar as linhas de estudo, determina a quem seria interessante ensinar. Segundo Maciel e Shigunov Neto (2006), o foco nos indígenas é ampliado aos filhos dos portugueses, com o intuito de reproduzir uma sociedade portuguesa em costumes, regras e funcionamento. Porém, os fatores que compõem essa equação fora de Portugal são muito distintos da metrópole: em especial, as personagens muito se distinguem, histórica e culturalmente, dos portugueses; índios e negros escravos são incluídos precariamente em um modelo mal projetado de sociedade centrada na hierarquia e baseada em religiosidade, cuja principal regra é acatar as imposições portuguesas sem resistência.

Para além das questões culturais, há as questões de infraestrutura, localização, organização e meio ambiente. E, para além do clima de tensão alimentado por todo esse contexto, os portugueses colocam-se em estado de guerra contra os nativos por precisarem das terras e mão de obra indígena. Assim, pois, existe uma ameaça permanente tanto de segurança quanto de cultura, e com isso a necessidade da criação de povoados (Paiva, 2020).

Se a vida pouco vale no estado de guerra estabelecido, uma vez que, para os portugueses, matar é corriqueiro, se os indivíduos confrontados (índios, africanos, franceses, ingleses ou holandeses) são inimigos, tudo é válido em nome do processo de colonização. Nas palavras de Paiva, o cenário no interior dos colégios jesuítas é contrário à dinâmica social estabelecida. O latim falado traz falas piedosas e incita atos virtuosos, como se a sociedade interna da escola fosse sublime, tal qual os preceitos religiosos seguidos. Para além dos muros dos colégios, os jesuítas empenham-se em arrebanhar índios para servir aos portugueses. Ademais, as relações entre jesuítas e os índios, no que se refere à educação, justificam as ações colonizadoras portuguesas pela disseminação cultural.

A educação nesse período é dividida em dois momentos, segundo Olinda (2003): a primeira fase, de 1549 a 1759, com a implementação do ensino religioso e a expulsão dos jesuítas; e a segunda fase, de 1759 a 1808, com o período pombalino e a transferência da família real para o Rio de Janeiro.

Ambos os períodos repercutem ao longo da história educacional brasileira, mas o ensino promovido por 210 anos pelos jesuítas é a obra de maior importância para a cultura brasileira. Com o propósito de tornar predominante o cristianismo, assim como difundir a cultura europeia, os jesuítas introduzem uma primeira sistematização do ensino, mesmo que seus métodos e programas de ensino fossem diferentes de acordo com seu público, futuros sacerdotes ou leigos. No contexto do ensino jesuíta, a educação prevê a conversão religiosa e a remodelação de comportamentos, assim como a substituição do idioma. Nas palavras de Olinda, a reforma instituída na sociedade indígena brasileira é um empecilho rumo à uniformização cultural à subordinação dos nativos aos portugueses (Olinda, 2003).

Ainda de acordo com Olinda, o ensino no período colonial divide-se em duas categorias: instrução primária, dirigida aos filhos de portugueses e indígenas; e educação média, que se concretizava em colégios destinados somente a meninos brancos. Essa primeira diferenciação que demarca o acesso à educação média determina, consequentemente, quem pode dar continuidade aos estudos e valida a visão, aqui sustentada, de que aos índios o ensino se restringe ao controle cultural e à conversão religiosa. Alcançadas as condições necessárias a essa conjuntura, não é mais interessante aos portugueses o desenvolvimento educacional desta população. O acesso às letras não é garantia de aproximação com discussões filosóficas ou formações profissionais mais complexas, dado que a prerrogativa indígena é a servidão. Ainda nesse cenário, outra população que sofre com os abusos portugueses são os negros. Segundo Olinda, é vedada a todas as crianças negras a presença nas escolas, mesmo que os meninos sejam classificados como "livres" pelos portugueses. Gradativamente, são inaugurados colégios em São Paulo, Rio de Janeiro, Salvador e Olinda.

Nessa gama de justificativas das ações portuguesas para com índios e negros, encontra-se o entendimento de que a escravidão é essencial ao plano de conquista e manutenção do povo português em terras brasileiras.

O trabalho braçal de negros e indígenas é essencial para a exploração de riquezas dos lucros portugueses. As palavras piedosas em latim e proferidas nos colégios jesuítas não ultrapassam os muros da escola, uma vez que, de acordo com Paiva, os próprios jesuítas defendem a escravidão negra. Observa-se nesse período a ideia de que a cultura existente em terras brasileiras é pecaminosa, enquanto as tradições jesuítas levam à redenção. Dessa forma, é a disciplina jesuítica o elemento cultural central para consolidação portuguesa e a justificativa para escravidão e exploração Para Paiva (2020), o ideal de formar para a redenção não leva em conta que a mão de obra de índios e negros detém igualmente cultura e seus próprios planos, embarreirados por um povo que acredita em sua superioridade.

Apesar de não ser sustentável, a imposição cultural portuguesa visa a uma adesão imediata a seus hábitos, ficando os jesuítas encarregados dessa tarefa por meio dos colégios e de sua doutrinação. Para Paiva, o colégio tem a importante função da adesão à cultura portuguesa. Em meio a esse cenário de disputas culturais e sociais, os jesuítas passam a observar e considerar, em sua interpretação, o comportamento dos portugueses como fora dos padrões por eles estabelecidos. Para os jesuítas, os letrados são os responsáveis por "resguardar a pureza da cultura" e promover o resgate dos desajustados.

Considera-se aqui que cada processo de escolarização tem um contexto social, que é traduzido em sua forma. O cenário de catequização jesuítica no Brasil não foge a isso. Ao ingressar em terras brasileiras, os padres jesuítas demonstram a intenção da conversão ao cristianismo e da imposição da cultura europeia. Para tanto, justificam e executam ações em prol dessas questões, mesmo que destoem de suas pregações morais.

No que se refere ao ler e escrever, não importa a classe social ou etnia das mulheres no período do Brasil Colônia. A ideia cultural portuguesa de que a mulher seria um ser inferior demarca o acesso das mulheres ao ensino dos anos 1500 a 1822 na colônia e posteriormente. A mentalidade da época é refletida nos padrões de comportamentos recomendados à mulher portuguesa, amplamente difundidos em terras brasileiras (Ribeiro, 2020).

Em contraponto a essa dinâmica, a primeira manifestação a favor da instrução feminina parte de indígenas brasileiros (Ribeiro, 2020). O Padre Manoel da Nóbrega, sacerdote jesuíta português e chefe da primeira missão jesuítica na América, é interpelado por indígenas brasileiros para instruir mulheres indígenas, assim como eram os homens. Além disso, o padre recebe uma carta de Madalena Caramuru, descendente da tribo dos tupinambás, filha do português Diogo Álvares Correia, o Caramuru, com a índia Moema Paraguaçu, que é alfabetizada após seu casamento com o português Afonso Rodrigues, em 1534. O registro, escrito em 26 de março de 1561, endereçado ao Pe. Manoel da Nóbrega, pleiteia que as crianças índias, em sua maioria escravas, sejam tratadas com dignidade e que as mulheres indígenas tenham acesso às letras. Madalena de Caramuru manifesta preocupação com a comunidade indígena em sua totalidade e, buscando romper com as incoerências que observava, chega a oferecer ajuda financeira para tal.

Para além das justificativas presentes na carta de Pe. Manoel da Nóbrega, Ribeiro revela que os portugueses notam diferenças nos comportamentos dos casais indígenas quando em comparação ao comportamento típico português. Os indígenas detêm maior harmonia conjugal e julgava equivalentes as atividades desempenhadas por homens e mulheres. Para Ribeiro, é nesse quadro da vida indígena que ingressam os portugueses, entendidos enquanto homens solteiros ou sem as respectivas esposas e filhos. Os homens portugueses frequentemente são incitados a dominar sexualmente a colônia, o que resulta em abusos sexuais recorrentes. Os padres jesuítas interpretam que a educação feminina na colônia não diz respeito apenas à erudição, mas representa uma possível moralização das mulheres. Transferindo às mulheres da colônia a incumbência de formar as famílias brasileiras seguindo os preceitos católicos, os jesuítas descaracterizam as relações de abuso pelas quais as mulheres passam. Ressalta-se ainda que as hostilidades não são vivenciadas somente pelas mulheres indígenas, mas também pelas negras.

Ainda nas palavras de Ribeiro, o pedido de Madalena de Caramuru acarreta o envio, por parte do Padre Manoel da Nóbrega, de uma carta à então rainha de Portugal, Dona Catarina, solicitando educação para as indígenas, com a justificativa de que a presença feminina é maior nos cursos de catecismo. D.ª Catarina nega a solicitação, prevendo possíveis consequências ruins, e ponderando que nem as mulheres portuguesas têm acesso à instrução. A negativa da coroa reforça as desigualdades de gênero, assim como o distanciamento de classes por meio da erudição. Além disso, a possibilidade da educação feminina surge na demanda dos jesuítas de enquadrar os comportamentos da colônia na fé católica por meio da catequização feminina. A soma desses fatores determina o ensino brasileiro, guiado pelos interesses e comodidades do grupo no poder, relegando ao esquecimento temas como direitos e igualdade.

Na primeira metade do século XVIII, com a coroação de D. José I (1750-1777) rei de Portugal, tem início a gerência do primeiro-ministro Sebastião José de Carvalho, o Marquês de Pombal (Maciel; Shigunov Neto, 2006). É por meio da administração do marquês que Portugal tem contato com a prática administrativa do pensamento ilustrado. Mesmo com as reformas pombalinas, que resultam na expulsão dos jesuítas em 1759, a instrução feminina não é ampliada.

Portugal passa por um momento crítico após a assinatura do Tratado de Methuen, conhecido também por Tratado de Panos e Vinhos, em 1703. O acordo envolve a troca de produtos têxteis ingleses e os vinhos portugueses, prevê a entrada dos produtos ingleses nos portos lusos com isenção de impostos e vantagens alfandegárias para os vinhos portugueses nos portos ingleses. Com o ingresso inglês na Guerra dos Sete, Portugal não obtém o êxito esperado com o Tratado de Methuen, pois há diminuição das exportações de vinho português, somando-se à situação o terremoto de 1755 em Portugal, que também provoca danos financeiros ao país (Furtado, 2014). Dadas as circunstâncias, o Marquês de Pombal tem sua gestão marcada por amplas reformas, tanto em âmbito social quanto na redução dos gastos do aparelho estatal português. Tais reformas também contam com medidas fiscais, algumas das quais afetam diretamente o Brasil, a exemplo da ampliação da fiscalização na área aurífera, a criação da Companhia de Comércio do Grão-Pará e Maranhão e a anexação da Paraíba a Pernambuco.

Para Maciel e Shigunov Neto (2006), as mudanças promovidas pelo Marquês de Pombal resultam na modernização de Portugal. E, de acordo com Gomes (2007), a modernidade em Portugal dá-se com a intervenção de Pombal quando este recebe a missão de reconstruir Lisboa após o terremoto em 1755. A principal intervenção de Pombal ocorre na área educacional: o ministro reorganiza o ensino e os costumes do reino, passando para o Estado boa parte do que antes era controlado pela Igreja. Barbara (1979) salienta, ainda, a institucionalização da instrução pública por Pombal, que determina a responsabilidade pedagógica do Estado, afastando o ensino do monopólio clerical e, consequentemente, transformando as relações sociais. O ano de 1759 é marcado pelo fechamento dos colégios jesuítas e pelo recrutamento de professores via concurso público. Para além disso, no Brasil, torna-se obrigatório o ensino da língua portuguesa e proíbe-se o uso do tupi-guarani.

A expulsão dos jesuítas inaugura a segunda fase da educação brasileira (Olinda, 2003). As reformas promovidas por Pombal revelam um forte controle estatal, aprimoram o funcionamento administrativo e manifestam a ameaça ao poder absoluto do rei pela Companhia de Jesus (Gomes, 2007). As escolas régias criadas pelo Marquês de Pombal são providas por um imposto denominado "subsídio literário", e têm como professores alguns letrados que não chegam a ocupar totalmente os espaços deixados com a saída dos jesuítas. Mesmo com as reformas, o renovado ensino ainda não é instrução popular, e depende do ensino superior lecionado nas universidades europeias, especialmente da Universidade de Coimbra. O acesso às universidades é limitado aos portugueses brancos de famílias com posses.

O Marquês de Pombal é destituído de suas funções com a morte de D. José I em 1777. As reformas de Pombal, segundo Olinda (2003), são marcadas pela desorganização, ineficiência, falta de remuneração de professores, que chegam a não receber pagamentos por meses ou anos, e pela não universalização do ensino popular. A sucessora de D. José I, D. Maria I, traz de volta ao poder a nobreza e a Igreja Católica. Educada por jesuítas, D. Maria I via com bons olhos o modelo de educação jesuíta. A monarca reduz drasticamente o poder de Pombal ao mantê-lo longe dos processos decisórios, devolvendo os portugueses ao regime de uma nobreza atrasada em relação aos outros países na mesma época. O mesmo é imposto à realidade do Brasil Colônia.

As reformas educacionais de Pombal têm efeitos mesmo após seu afastamento. Por exemplo, é criado o Seminário de Olinda no Brasil, em 1800. Segundo Alves (2020), o Seminário de Olinda é fundado por interesses burgueses e idealizado por José Joaquim da Cunha de Azeredo Coutinho, o Bispo de Olinda, que estabelece o seminário no antigo prédio do colégio jesuíta.

Essa instalação do seminário tem o objetivo de recuperar as riquezas do reino de Portugal. É sabido, pois, que a coroa se distancia da evolução científica ocorrida na Europa e, no que diz respeito à economia, o país está subordinado à Inglaterra. De acordo com Alves, Azeredo Coutinho supõe que a ampliação dos domínios portugueses depende do conhecimento de Portugal sobre os recursos materiais de sua colônia. Uma vez que os filósofos naturalistas de gabinete não se dispõem a adentrar terras brasileiras, viu-se a necessidade da formação de indivíduos para que pudessem reconhecer e catalogar, nos sertões, as riquezas naturais. Nesse sentido, o brasileiro é formado para o favorecimento da riqueza portuguesa.

Essas motivações burguesas tornam-se claras no Brasil Colônia, que é visto como "colônia de exploração". Nativos e negros africanos formam uma população unicamente direcionada à subserviência. Toda e qualquer formação relacionada aos não portugueses é executada, caso seja prática e útil aos interesses dos dominantes. As reflexões e decisões estão limitadas aos dirigentes portugueses.

O colégio-seminário é o tipo de estabelecimento escolar que predomina durante todo o período colonial, conforme aponta Alves. O Seminário de Olinda está sob controle privado da Igreja Católica e é financiado por recursos públicos advindos de impostos, revelando ainda, em sua formação e funcionamento, a simbiose entre o público e o privado existente na educação brasileira (Alves, 2020).

A admissão de judeus, negros, mulatos ou jovens nascidos de ligações matrimoniais ilícitas é proibida no Seminário de Olinda. É permitido o ingresso apenas de estudantes cuja família arque com os custos da formação, com remuneração direta ao seminário, além dos impostos comuns a todos os residentes da localidade. Dessa forma, o seminário é mantido por uma população que, em sua maioria, não tem acesso à educação.

Nessa conjuntura de predileção a determinados grupos, a educação brasileira mantém a tendência dos colégios jesuítas em formar jovens de famílias abastadas para que estes concluíam seus estudos superiores nas metrópoles. As instituições de ensino diferenciam-se em seus objetivos: enquanto a escola jesuítica concentra seus esforços na escolástica, no colégio-seminário os estudos humanísticos clássicos, somados às ciências modernas, formam a instrução pública das reformas pombalinas. De acordo com Alves, o tipo de colégio-seminário pombalino, bem caracterizado pelo Seminário de Olinda, consolida-se no século XVIII e entra em decadência no início do século XIX, fato especialmente marcado pela Independência (Alves, 2020).

A educação no BRASIL independente

O período após a Proclamação da Independência é marcado pelo surgimento dos liceus e colégio públicos. Esse movimento marca a maior incursão estatal no ensino público e a retração dos colégios-seminário. Nesse novo panorama, os estabelecimentos de ensino passam a se especializar, distanciando-se dos colégios-seminário, que ficam resguardados à formação de sacerdotes (Alves, 2020).

O fim do século XVIII e início do século XIX é marcado por revoluções que resultam na perseguição, no exílio e até na execução em praça pública de reis e rainhas, tendo as monarquias europeias receio de enfrentar essas situações. O cenário passa a ser mais temeroso com o surgimento do Império de Napoleão. De acordo com Gomes (2007), essa conjuntura demarca o fim de uma etapa histórica conhecida como Velho Regime. As revoltas populares incitadas pelas vanguardas burguesas têm cada vez mais força, determinando o fim do absolutismo, a exemplo da Revolução Francesa, de 1789. Tendo a França seus exércitos guiados por Napoleão a partir desse momento, há mudanças nas formas de combate, e a grande novidade é a capacidade de mobilização de recursos nacionais, humanos e materiais. Essa rapidez é impulsionada principalmente pela Revolução Industrial, com a produção em massa de materiais usados em equipamentos militares, como ferro e tecidos. É importante acrescentar o aumento da população francesa, que torna a França o segundo país mais populoso da Europa, atrás apenas da Rússia.

Assim, o projeto imperial português de mudança de sua sede para terras brasileiras é motivado pelas características territoriais de Portugal, um país de pouca extensão, sem muitos recursos naturais, quando comparado ao Brasil, e constantemente ameaçado pelos países vizinhos. Já em 1736, então o embaixador português em Paris, Luiz da Cunha, sugere mudança da corte para o Brasil, onde João V se tornaria o "imperador do Ocidente". Enquanto isso, um vice-rei governa Portugal e Algarves, segundo Gomes (2007).

Além das justificativas citadas para a vinda da corte portuguesa ao Brasil, o fator cana-de-açúcar tem papel central. O Império Português é extremamente dependente de sua principal colônia desde o ciclo do açúcar brasileiro. É em território brasileiro que se dão principalmente a exploração agrícola e a primeira tentativa séria de praticar agricultura comercial nas Américas. A fase ainda é marcada pela necessidade de êxito, uma vez que inicialmente não são encontrados metais preciosos em território português nas Américas. Furtado acrescenta que a experiência portuguesa com a plantação canavieira nas ilhas atlânticas de Madeira e Açores aumenta o lucro português por meio do uso de mão de obra escravagista (Furtado, 2014).

Já Gomes (2007) descreve a alteração das questões econômicas e políticas com a vinda da família real ao Brasil. No dia 28 de janeiro de 1808, D. João declara abertos os portos do Brasil para importação de quaisquer tipos de bens, desde que o país de origem da mercadoria esteja em paz com a coroa portuguesa. D. João também aprova a criação da primeira Escola de Medicina no Brasil, o estabelecimento de fábricas e a abertura de estradas. A vinda da família real exige transformações da estrutura e organização existentes no Brasil para que a corte tenha suas demandas amplamente satisfeitas. A partir dessas demandas, inaugura-se um ciclo de reformas destinado ao proveito português para além da extração de recursos naturais e do povoamento para impedir invasões.

Entre os anos finais do século XVIII e o século XIX, ocorrem grandes modificações estruturais no Brasil, além das imposições culturais e da migração de um grande contingente populacional português esperançoso por oportunidades na então colônia. Com a chegada da família real portuguesa, a colônia torna-se o Brasil Império. A instalação do Reino Unido de Portugal, Brasil e Algarves em Império do Brasil provoca, por sua vez, a instalação de toda a burocracia civil, militar e eclesiástica no Brasil. Segundo Olinda (2003), surgem com isso cargos, cursos, cadeiras, escolas e as primeiras faculdades no Brasil.

Com vistas a promover as artes, a cultura e o refinamento, a corte portuguesa contrata a renomada Missão Artística Francesa, que, de acordo com Gomes (2007), conta com nomes como Jean Baptiste Debret, Nicolas e Auguste Taunay. Além dos artistas, a missão traz consigo um serralheiro, carpinteiros e um mestre de obras. Toda a missão conta com o financiamento de D. João e inclui as despesas da viagem e garantia a todos de pensões para que permanecessem ao menos seis anos no Brasil. O principal objetivo da missão é a criação de uma academia de artes e ciências no Brasil, que nunca se efetiva.

A família real permanece no Brasil por 13 anos, e, nesse período, a população cresceu de maneira considerável. Em 1808, o Brasil não dispõe de infraestrutura para seus habitantes, muito menos para os novos moradores advindos de Lisboa. Gomes revela que a situação se agrava pelo fato de metade da população na cidade do Rio de Janeiro ser escrava. Em meio a esse cenário, a criminalidade atinge níveis alarmantes, com roubos e assassinatos frequentes à luz do dia, jogos de azar e prostituição, mesmo proibidos por lei.

Segundo Olinda, o recenseamento de 1808 indica um aumento na população do Brasil: há 411.141 habitantes, dos quais 21,6% são brancos, 1,4% índio, 43% negros e mulatos livres, e 33,9% negros e mulatos escravos. Observa-se que brancos correspondem a um quinto dos residentes, mas, ainda assim, orientam os rumos do país, ditam os direitos, restringem liberdades e minam qualquer outra perspectiva de prosperidade da maior parte da população. Porém, os indivíduos que detêm o poder se deparavam com os limites de expansão socioeconômicos e culturais impostos ao Brasil desde a colonização (Olinda, 2003).

Gradativamente, o ensino no Brasil desvencilha-se do ensino superior estrangeiro. São estabelecidas escolas de primeiras letras e secundárias de artes e ofícios. Apesar da instalação do ensino superior no Brasil, este está desarticulado da realidade brasileira, pouco contribuindo com reformas sociais. Com a carga cultural europeia trazida pelos novos moradores portugueses, acomodam-se o teatro, os musicais e a biblioteca pública em um Rio de Janeiro que passa pela substituição dos engenhos. A elite natal, apreciando os comportamentos portugueses, colabora com as reformas e passa a reproduzir os costumes observados em trajes e penteados (Olinda, 2003).

Com relação à educação da população negra, Olinda afirma que há escolas direcionadas a esse público, porém com pouca adesão, mesmo após a Abolição. Tem-se ciência, nos anos finais do século XVIII, da existência de irmandades para expressão, discussão e reivindicações da população negra. Sabe-se também que essas irmandades buscam auxiliar escravos na compra das cartas de alforria ou ainda na emancipação dos negros livres. Contudo, não há ações de ensino com vistas ao letramento de escravos e libertos.

A minoria de letrados, somada ao grande montante de analfabetos, não ocasiona complicações somente àquele momento histórico, mas sim ao longo de toda formação do ensino brasileiro. Para Azevedo (1976), a inexistência de uma consciência coletiva, fato esse oriundo das desigualdades culturais e econômicas, resulta na fragmentada formação social e nas amplas divergências de interesses e ideias no Brasil, asseverando a disparidade educacional. Verifica-se que os distúrbios políticos brasileiros resultantes das interferências portuguesas produzem a carente educação pública, de difícil acesso aos cidadãos brasileiros, conjuntura essa que ainda pode ser presenciada atualmente no Brasil. Em nota técnica emitida pelo Instituto Brasileiro de Geografia e Estatística, no dia 2 de dezembro de 2021, levanta-se que ao menos 244 mil alunos com idades entre 6 e 14 anos não estão matriculados na escola no segundo trimestre de 2021. Mesmo que o número de estudantes afastados do espaço escolar represente apenas 1% do total de crianças dessa faixa etária no país, o levantamento aponta para o maior índice de evasão escolar dos últimos seis anos (considerando a pandemia de covid-19, que afeta fortemente a educação).

As políticas educacionais no Brasil Colônia e após a Independência são provenientes do Estado, representado na figura de estrangeiros como os jesuítas e o Marquês de Pombal. Posteriormente, é a elite que demanda reformas. Independentemente dos dirigentes educacionais, a presença do Estado na concepção e efetivação do ensino é mantida em todo o contexto educacional brasileiro. A presença do Estado dirigido por portugueses é também percebida pelas interferências no desenvolvimento econômico e, particularmente, no setor agrícola, na produção de açúcar, café e cacau.

Faria Filho (2020) explica que, no século XIX, discute-se no Brasil a necessidade de escolarização do que se chama de "camadas inferiores da sociedade". Com a ascensão de Pedro I ao trono, inaugura-se uma etapa de fortalecimento da cultura escolar e o processo de fundação das escolas técnicas, faculdades, universidades, do Instituto Histórico e Geográfico Brasileiro e do Jardim Botânico, favorecendo a ampliação do ensino e da pesquisa no país (Silva; Souza, 2011). Outras instituições criadas nesse período são o Museu Paraense (1885), o Instituto Agronômico (1887) em Campinas e o Liceu de Artes e Ofícios de São Paulo (1873). O Governo Imperial fomenta a estruturação de locais dedicados ao ensino e à cultura e, particularmente, de educação profissional, tais como os cursos de Ciências Jurídicas e Sociais em 1827, as Academias de Medicina e Cirurgia na Bahia e no Rio de Janeiro em 1832, o Liceu Imperial em 1838, em São Paulo, o Colégio D. Pedro II e a Escola Normal de Niterói.

Destaca-se a Lei de 15 de outubro de 1827, relevante por ser a primeira referente à educação no Brasil e que vigora por mais de cem anos. O decreto imperial efetivado por D. Pedro I cria o "ensino elementar" no Brasil, determinando logo em seu primeiro artigo: "todas as cidades, vilas e lugarejos tivessem suas escolas de primeiras letras" (Brasil, 1827). Ademais, a lei trata de outros assuntos, tal como a descentralização do ensino, a remuneração do professorado, o ensino mútuo, o currículo mínimo, a admissão de professores e as escolas das meninas. A lei estabelece que escolas de primeiras letras devem ensinar aos meninos a leitura, a escrita, as quatro operações de cálculo e as noções mais gerais de geometria prática. Às meninas, que permanecem privadas do pleno acesso à educação disponível na época, reserva-se o aprendizado das chamadas "prendas". É importante mencionar aqui que a data de promulgação da lei, 15 de outubro, origina a comemoração do Dia dos Professores no Brasil.

Silva e Souza (2011) afirmam que as províncias encarregadas de cumprir com as novas diretrizes imperiais têm pouca capacidade, devido às suas limitadas reservas. Além dos limites financeiros, existem as restrições políticas e culturais que envolvem a sociedade escravista e autoritária, fundamentada na desigualdade.

O Brasil experimenta o absolutismo, a dominação somada à pretensão de acúmulo de riquezas e a exploração territorial, que rapidamente estabeleceu a desigualdade (Carvalho, 2009). A escravidão é um dos pontos contrários ao estabelecimento da cidadania, assim como a dizimação indígena e os abusos sexuais em escravas e índias. No momento histórico da colonização, é impossível considerar uma população cidadã, pois apenas os indivíduos "livres" têm direitos. As funções públicas são deturpadas; o governo não garante a segurança, e recorre aos grandes proprietários na busca de proteção. Não há direitos sociais, e os direitos civis e políticos funcionam apenas para uma pequena parcela da população. Outro aspecto crítico é o analfabetismo, agravado com a expulsão dos jesuítas. No campo da educação, a criação de universidades vivida em colônias espanholas não é reproduzida em colônias portuguesas. A população reage a essa conjuntura com poucas manifestações, como a Inconfidência Mineira (1789), a Revolta dos Alfaiates na Bahia (1798) e a última, e mais séria, em Pernambuco (1817).

No processo de escolarização no período imperial, a presença do Estado é ínfima (Faria Filho, 2020). Nas primeiras décadas do século XIX, o governo estabelece que as "escolas de primeiras letras" devem ensinar as "classes inferiores da sociedade" a ler, escrever e contar, porém não há continuidade de ensino para esse grupo populacional. A multiplicação no número de indivíduos escolarizados pelas escolas das primeiras letras impõe a urgente regularização do ensino em classes de estudo, e, segundo Silva e Souza (2011), mesmo com a organização dos grupos, o acesso à educação terminava nas próprias escolas de primeiras letras para a maior parte da população. O governo monárquico não tem perspectiva de continuidade nos estudos para os mais pobres.

Evidencia-se, assim, a instrução enquanto estratégia civilizatória para o povo brasileiro no momento histórico em questão. O objetivo da educação é a criação de condições para um país independente, com a ideia de que a instituição escolar é a responsável pela instrução e o agente central em toda a educação da infância. Nesse momento, o termo "escola de primeiras letras" é substituído por "instrução elementar", e são ampliados os ensinamentos escolares, considerando outros conhecimentos e valores, tais como conhecimentos religiosos, históricos e gramaticais (Faria Filho, 2020).

Para Alves (2020), incluído na sistematização do ensino está o método individual, no qual, mesmo com vários alunos, o professor leciona individualmente, fazendo-o aluno usar de modo ineficiente o tempo de estudo e limitando as possibilidades de aprendizagem em sala de aula. Na Europa, a percepção da ineficiência do ensino individualizado em grupos de alunos já acontece ao fim do século XVIII, mas no Brasil as críticas surgem nas primeiras décadas do século XIX. Na tentativa de solucionar o impasse, surge a defesa, e logo a legislação, do "método mútuo", também conhecido por "método Lancaster", cujo objetivo é reduzir o tempo necessário de educação das crianças, diminuir as despesas escolares e generalizar a educação. O método mútuo é determinado pela Lei de 15 de novembro de 1827, e sua execução foi estabelecida nas capitais de províncias, cidades, vilas e lugares populosos. Nesses lugares amplos, o professor deveria agir como auxílio de alunos mais adiantados e atender até mil alunos em uma única escola. Com as experiências do método, nota-se que é igualmente ineficiente, pois não há condições materiais de espaços de ensino e materiais didático-pedagógicos, e os professores não são formados para esse tipo de ensino (não há instituições de formação de professores).

Assim, a Lei de 15 de novembro de 1827 somente determina a forma de avaliação, mas não discute a organização de conteúdos, a seriação dos anos de ensino e os critérios referentes à idade de ingresso nas escolas. As deficiências da lei indicam a relação entre aprendizagem e avaliação concebida nas formas tradicionais de educação, que, direta e indiretamente, orientam ainda hoje alguns métodos de ensino (Alves, 2020).

Em meados da década de 1860 surge mais fortemente a ideia de que é necessário leis gerais que ordenem a "instrução elementar", uma vez que as leis provinciais se diversificam e criam uma complexa estrutura de sistemas provinciais e estaduais. A forma de organização educacional brasileira difere muito dos sistemas de escolarização da maior parte dos países europeus, no mesmo momento histórico. Nesse cenário, Faria Filho (2020) explica que surgem preocupações como as de Ruy Barbosa, que propõe a reforma de todo o sistema de instrução no Brasil ao fim do século XIX.

É possível notar que o início da história brasileira e, consequentemente, a formação da educação no Brasil têm em suas bases o preconceito com a população local e a ideia de subserviência desta em relação aos colonizadores. O Brasil Colônia pode ser classificado em diferentes períodos educacionais, sendo o primeiro voltado à catequização e à alfabetização dos homens indígenas para que estes se sujeitassem os portugueses. O segundo momento é marcado pela educação jesuíta de mulheres indígenas, mas sem os tratamentos reservados aos homens. O terceiro momento, à chegada da coroa portuguesa e à criação de instituições de ensino, como as faculdades, para o atendimento aos portugueses que necessitam de formação universitária, público que anteriormente se mudava para Portugal a fim de estudar nas universidades. O último momento se dá com a implementação de escolas de artífices devido ao grande número de pessoas sem atividades laborais. O receio de que a violência aumentasse, assim como a demanda por pessoas que cumprissem as tarefas desprezadas pela classe dirigente, conduz aos primeiros movimentos de formação para o trabalho, porém sem a caracterização de formação profissional. Nesse momento histórico, evidencia-se a visão das classes dirigentes acerca das classes pobres como subalternas e destinadas a cargos de subserviência, ideia que guia as decisões educacionais nessa conjuntura.

Nota-se que, na fase colonial, os interesses individuais do Estado predominam, desconsiderando-se os interesses públicos. Quando indígenas são catequizados por padres jesuítas para que alcançassem a chamada "salvação", na concepção da Igreja Católica, isto tem a ver mais com a dominação dos indígenas do que com o altruísmo religioso. Consequentemente, a etapa de cooperação nem chega a acontecer, pois não são identificados fatores do bem comum, apenas a satisfação dos interesses das classes dirigentes.

Além da prevalência dos interesses particulares, a então forma de Estado brasileiro no período colonial não protegeu os interesses sociais das classes menos favorecidas, mas regulamentou as propriedades e persuadiu à obediência. Pode-se questionar, então, se houve uma figura estatal no Brasil Colônia ou se houve um Estado voltado à satisfação da classe dirigente, deixando as classes empobrecidas em um cenário à parte, de esquecimento, sendo pouco consideradas nos processos decisórios.

Considerações parciais

A influência das transições sociais nas reformas educacionais acontece com a chegada do modo de produção capitalista e suas amplas consequências, que impulsionam nova transição da educação confessional para o retorno ao protagonismo do Estado. Segundo Saviani (2008), a urgência capitalista em compor grupos de funcionários que sirvam de maneira eficaz exige formação, e a população tem acesso à educação que a permite satisfazer as exigências da classe dominante. As deliberações acerca da educação manifestam-se em consonância com o desenvolvimento histórico-social dos Estados, não sendo diferente no quadro brasileiro.

O desenvolvimento da educação profissional e tecnológica no Brasil, assim como suas metodologias e finalidades, pode ser compreendido conforme o processo histórico do país. Essa educação não pode ser descrita sem a análise da história econômica brasileira, com a formação do mercado de trabalho. Tal explanação é marcada pelos diversos processos econômicos que culminam em mudanças na estrutura social.

Ao pensar a ação histórica e política de formação da mão de obra brasileira por meio da educação profissional e tecnológica, entende-se que esta é enviesada pela disputa de classes, na qual o poder sociopolítico e ideológico atua muitas vezes prevendo o local a ser ocupado pelos indivíduos de acordo com seu grupo social.

Referências

ALVES, G. L. O Seminário de Olinda. *In*: LOPES, E. M. T. *et al*. **500 anos de educação no Brasil**. Belo Horizonte: Autêntica, 2020. p. 61-78.

AZEVEDO, F. **A transmissão da cultura**. São Paulo: Melhoramentos, 1976.

BARBARA, M. A. **Subsídios para o estudo da educação em Portugal**: da reforma pombalina à 1° república. Lisboa: Assírio e Alvim, 1979.

BRASIL. **Lei de 15 de outubro de 1827**. Manda crear escolas de primeiras letras em todas as cidades, vilas e lugares mais populosos do Império. Rio de Janeiro: Chancellaria-mór do Imperio do Brazil, 1827. Disponível em: https://www.planalto.gov.br/ccivil_03/leis/lim/LIM..-15-10-1827.htm. Acesso em: 21 fev. 2024.

BRASIL. IBGE – INSTITUTO BRASILEIRO DE GEOGRAFIA E ESTATÍSTICA. **Pesquisa Nacional por Amostra de Domicílios Contínua**. Rio de Janeiro: IBGE, 2021. v. 1.

CARVALHO, J. M. **Cidadania no Brasil**: o longo caminho. Rio de Janeiro: Civilização Brasileira, 2009.

FARIA FILHO, L. M. Instrução elementar no século XIX. *In*: LOPES, E. M. T. *et al*. **500 anos de educação no Brasil**. Belo Horizonte: Autêntica, 2020. p. 135-150.

FURTADO, C. **Formação econômica do Brasil**. 22. ed. São Paulo: Editora Nacional, 2014.

GOMES, L. **1808**: como uma rainha louca, um príncipe medroso e uma corte corrupta enganaram Napoleão e mudaram a história de Portugal e do Brasil. São Paulo: Planeta, 2007.

MACIEL, L. S. B.; SHIGUNOV NETO, A. A educação brasileira no período pombalino: uma análise histórica das reformas pombalinas do ensino. **Educação e Pesquisa**, São Paulo, v. 32, n. 3, p. 465-476, dez. 2006.

OLINDA, S. R. M. **Educação no Brasil no período colonial**: um olhar sobre as origens para compreender o presente. Feira de Santana: Sitientibus, 2003.

PAIVA, J. M. Educação jesuítica no Brasil colonial. *In*: LOPES, E. M. T. *et al.* **500 anos de educação no Brasil**. Belo Horizonte: Autêntica, 2020. p. 43-59.

RIBEIRO, A. I. M. Mulheres educadas na colônia. *In*: LOPES, E. M. T. *et al.* **500 anos de educação no Brasil**. Belo Horizonte: Autêntica, 2020. p. 79-94.

SAVIANI, D. **Escola e democracia**. São Paulo: Autores Associados, 2008.

SILVA, A. S.; SOUZA, A. O. Política educacional no Brasil: do Império à Primeira República. **Rios Eletrônica**: Revista Científica da Fasete, [s. l.], ano 5, n. 5, p. 69-78, dez. 2011.

2

GESTÃO ESCOLAR DEMOCRÁTICA: UMA GESTÃO EM CONSTRUÇÃO

Joelcio Saibot

Sirley Terezinha Filipak

Introdução

A promulgação da Constituição Federal (CF) brasileira de 1988 trouxe diversos avanços na legislação que em edições passadas não foram contemplados, como os direitos sociais. Entre esses, está a educação, conforme descrito no Art. 6º, ao garanti-la a toda a população e sendo um dever do Estado. Outro dado importante é que o objetivo da educação também foi descrito, no Art. 205, "visando ao pleno desenvolvimento da pessoa, seu preparo para o exercício da cidadania e sua qualificação para o trabalho" (Brasil, 1988).

Se a educação tem por objetivo o desenvolvimento da pessoa e seu preparo para o exercício da cidadania, o ambiente escolar recebe uma nova função para além da transmissão do conhecimento acumulado ao longo da história. Com base nessa ideia, a gestão democrática é apresentada como princípio para a administração dos locais públicos de ensino, também preconizado na Constituição, Art. 206.

A escola deve auxiliar o desenvolvimento integral do educando para que ele saiba exercer a sua cidadania, conviver com os outros, estar apto e qualificado para desempenhar um trabalho na sociedade. Assim, a gestão escolar é um meio, e não uma finalidade em si mesma.

Quando recorremos às edições anteriores da Constituição brasileira, vemos que a adoção da gestão democrática só tem fundamento e sentido por meio da democracia, sendo impossível falar de gestão democrática no contexto da Ditadura Militar, por exemplo.

Como interesse de pesquisa, buscamos contextualizar a gestão democrática sob os princípios constitucionais, de que forma ela poderá ser implementada na prática escolar e com vistas ao papel do gestor nesse processo. Para a elaboração desse trabalho, utilizamo-nos da abordagem qualitativa à luz de pesquisa documental e bibliográfica. Buscamos apresentar a educação dentro das sete Constituições brasileiras (1824, 1891, 1934, 1937, 1946, 1967 e 1988) e o princípio da gestão democrática na Constituição atual. Sendo princípio constitucional, o texto da lei não menciona como a gestão democrática deverá ser implementada; assim, recorremos aos estudiosos do assunto, Libâneo (2017), Lück (2009, 2011), Luckesi (2007), Paro (2001, 2003), para apresentar alguns princípios essenciais para que ela seja, de fato, implementada.

Educação: um direito social atual

A Constituição federal de 1988 foi um marco para a história do país. Promulgada em 5 de outubro, nela se estabeleceram os princípios e as leis que guiariam o Brasil. É por ela que se estabelecem todos os direitos, deveres e normativas. No Art. 6º da referida Carta, a educação ganhou status de direito social garantido por lei:

> São direitos sociais a educação, a saúde, a alimentação, o trabalho, a moradia, o transporte, o lazer, a segurança, a previdência social, a proteção à maternidade e à infância, a assistência aos desamparados, na forma desta Constituição. (Brasil, 1988).

Na mesma Constituição, Art. 205, a educação é descrita como

> [...] direito de todos e dever do Estado e da família, será promovida e incentivada com a colaboração da sociedade, visando ao pleno desenvolvimento da pessoa, seu preparo para o exercício da cidadania e sua qualificação para o trabalho. (Brasil, 1988).

Porém, quando retomamos a história do Brasil desde sua independência, podemos observar que há mudanças significativas de acordo com o momento histórico. A Constituição Política do Império, promulgada em 1824 por D. Pedro I, perdurou por 65 anos e sofreu apenas uma emenda constitucional. A Constituição é o marco legal da Independência do Brasil.

> Art. 1. O IMPERIO do Brazil é a associação Política de todos os Cidadãos Brazileiros. Elles formam uma Nação livre, e independente, que não admitte com qualquer outro laço algum de união, ou federação, que se opponha á sua Independência. (Brasil, 1824).

A mesma Constituição instituiu a forma de governo monárquico hereditário, constitucional e representativo (Art. 3). Ainda, promulgou a repartição em quatro poderes: Poder Legislativo, Poder Moderador, Poder Executivo e Poder Judicial. Porém, o Poder Moderador colocava o imperador como chefe supremo da nação, com função clara e específica.

> Art. 98. O Poder Moderador é a chave de toda a organização Política, e é delegado privativamente ao Imperador, como Chefe Supremo da Nação, e seu Primeiro Representante, para que incessantemente vele sobre a manutenção da Independência, equilíbrio, e harmonia dos mais Poderes Políticos. (Brasil, 1824).

A educação é tratada no Art. 179, inciso XXXII: "A Instrucção primária, e gratuita a todos os Cidadãos" (Brasil, 1824). É válido lembrar, porém, que no Art. 6 se definia quem era considerado cidadão brasileiro. Os negros e alforriados não eram tratados como cidadãos. A Constituição também previu a criação de universidades e colégios, mas vale ressaltar que somente a instrução primária era garantida por direito.

Já a Constituição de 1891 instituiu o Governo Provisório da Nova República. Esta foi a primeira Constituição republicana, assinada em 24 de fevereiro, com modificações em relação à de 1824. Nela, cria-se uma república presidencialista com federalismo, a qual preserva a autonomia dos estados. Estabelecem-se as regras para as eleições e extinguiu-se o Poder Moderador.

> Art 1º - A Nação brasileira adota como forma de Governo, sob o regime representativo, a República Federativa, proclamada a 15 de novembro de 1889, e constitui-se, por união perpétua e indissolúvel das suas antigas Províncias, em Estados Unidos do Brasil. (Brasil, 1891).

Nessa nova Constituição, houve um retrocesso em relação à educação, pois não garantia mais a educação como direito gratuito e de livre acesso. No Art. 35, define como prerrogativas do Congresso

> [...] 2º) animar no País o desenvolvimento das letras, artes e ciências, bem como a imigração, a agricultura, a indústria e comércio, sem privilégios que tolham a ação dos Governos locais; 3º) criar instituições de ensino superior e secundário nos Estados [...]. (Brasil, 1891).

Cabia à União legislar e manter o ensino superior; e aos estados, legislar e manter o ensino secundário e primário, tendo como base a laicização do ensino.

Em 16 de julho de 1934, foi promulgada uma nova Constituição, em razão de o então presidente, Getúlio Vargas, governar por decretos. Assim, contra a concentração de poder de Getúlio, a Revolução Constitucionalista de 1932 elaborou a Constituição de 1934. Nela, reafirma-se o compromisso com a república e o princípio federativo proposto na edição anterior da Constituição. A novidade apresentada neste texto é que a de "todos os poderes emanam do povo e em nome dele são exercidos" (Brasil, 1934, Art. 2º).

O tema da educação foi tratado nos Arts. 149 e 150. Uma importante inovação foi em relação à extensão do direito à educação a jovens e adultos, que anteriormente era garantido somente às crianças. Outra inovação foi a manutenção do sistema de educação, que deveria ocorrer por meio dos recursos provindo dos impostos.

> Art. 149 - A educação é direito de todos e deve ser ministrada, pela família e pelos Poderes Públicos, cumprindo a estes proporcioná-la a brasileiros e a estrangeiros domiciliados no País, de modo que possibilite eficientes fatores da vida moral e econômica da Nação, e desenvolva num espírito brasileiro a consciência da solidariedade humana. Art. 150 - Compete à União: a) fixar o plano nacional de educação, compreensivo do ensino de todos os graus e ramos, comuns e especializados; e coordenar e fiscalizar a sua execução, em todo o território do País; [...] Parágrafo único - O plano nacional de educação constante de lei federal, nos termos dos arts. 5º, nº XIV, e 39, nº 8, letras *a* e *e*, só se poderá renovar em prazos determinados, e obedecerá às seguintes normas: a) ensino primário integral gratuito e de frequência obrigatória extensivo aos adultos; b) tendência à gratuidade do ensino educativo ulterior ao primário, a fim de o tornar mais acessível; [...]. (Brasil, 1934).

O golpe de Estado em 1937 impediu que fosse votado o Plano Nacional de Educação (PNE). Ainda, outros avanços podem ser percebidos na

Constituição de 1934, como a legislação trabalhista e eleitoral, que traz a obrigatoriedade do voto, direito de voto às mulheres e voto secreto. São criados Justiça Eleitoral e do Trabalho, Ministério Público, Tribunal de Contas.

Mas a Constituição de 1934 durou pouco tempo, sendo revogada pela Constituição de 1937, outorgada por Getúlio Vargas, implementando e consolidando o Estado Novo. O período seguinte à promulgação desta Constituição será marcado por grande instabilidade, porque instituiu a pena morte e suprimiu a liberdade individual e partidos políticos, concentrando, assim, os poderes no chefe do Executivo, que é justificado no preâmbulo da Constituição.

> Resolve assegurar à Nação a sua unidade, o respeito à sua honra e à sua independência, e ao povo brasileiro, sob um regime de paz política e social, as condições necessárias à sua segurança, ao seu bem-estar e à sua prosperidade, decretando a seguinte Constituição, que se cumprirá desde hoje em todo o País. (Brasil, 1937).

No que tange à educação, houve um retrocesso em relação à Constituição anterior, porque os recursos que deveriam ser destinados para a educação foram extintos. Embora mantivesse a obrigatoriedade do ensino primário, era cobrado um valor mensal simbólico.

> Art. 130 - O ensino primário é obrigatório e gratuito. A gratuidade, porém, não exclui o dever de solidariedade dos menos para com os mais necessitados; assim, por ocasião da matrícula, será exigida aos que não alegarem, ou notoriamente não puderem alegar escassez de recursos, uma contribuição módica e mensal para a caixa escolar. (Brasil, 1937).

Outro detalhe importante que a Constituição apresenta é a prioridade do ensino voltado ao trabalho, principalmente aos menos favorecidos, em parceria com as indústrias e setor econômico, que também seria responsável em garantir a educação voltada à qualificação do trabalho. "Art. 129 - [...] É dever das indústrias e dos sindicatos econômicos criar, na esfera da sua especialidade, escolas de aprendizes, destinadas aos filhos de seus operários ou de seus associados" (Brasil, 1937).

A então nova Constituição, promulgada em 1946, tem como característica o caráter democrático, que na edição anterior fora abolido. Há uma tentativa de restaurar princípios da Constituição de 1891 e 1934, restabelecendo direitos individuais, direitos trabalhistas, autonomia dos estados e municípios, independência e harmonia dos poderes da República, bem como a pluralidade partidária. Um dado importante é que a pena de morte foi extinta.

No que se refere ao presidente da República, definia-se o mandato com duração de cinco anos. Na Constituição de 1946, definia-se o regime parlamentarista (Ato Adicional de 2 de setembro de 1961), mas, com a renúncia do presidente Jânio Quadros, foi convocado e realizado um plebiscito em janeiro de 1963, no qual se restaurou o regime presidencialista.

No campo da educação, a Carta Magna atribui responsabilidades à família e à escola com base "nos princípios de liberdade e nos ideais de solidariedade humana" (Brasil, 1946, Art. 166). Há também o resgate do financiamento público destinado à educação por parte dos entes federados.

> Art. 169 - Anualmente, a União aplicará nunca menos de dez por cento, e os Estados, o Distrito Federal e os Municípios nunca menos de vinte por cento da renda resultante dos impostos na manutenção e desenvolvimento do ensino. (Brasil, 1946).

Nesta Constituição, a educação pública retorna sendo um direito de todos.

Já com a instalação do Regime Militar, em 1964, uma nova Constituição foi elaborada, entrando em vigor em 1967. Nela há a supressão dos princípios democráticos da Constituição de 1946, conferindo ao Poder Executivo influências sobre o Poder Legislativo e Judiciário. O texto constitucional sofreu diversas alterações por meio da edição de atos institucionais e atos complementares. O mais conhecido foi o Ato Institucional n.º 5, de 13 de dezembro de 1968, que dissolveu o Congresso Nacional, impôs a censura, entre outras determinações.

A educação foi tratada no Título IV, "Da família, da educação e da cultura". Ele tornava o ensino obrigatório e gratuito dos 7 aos 14 anos, e o ensino médio e superior também seriam gratuitos, por meio de bolsas de estudos que deveriam ser restituídas e destinadas aos mais necessitados. Nesta edição da Constituição, a educação de jovens e adultos não foi contemplada.

> Art. 168 - A educação é direito de todos e será dada no lar e na escola; assegurada a igualdade de oportunidade, deve inspirar-se no princípio da unidade nacional e nos ideais de liberdade e de solidariedade humana.
> [...]
> § 3º - A legislação do ensino adotará os seguintes princípios e normas:
> [...]

> II - o ensino dos sete aos quatorze anos é obrigatório para todos e gratuito nos estabelecimentos primários oficiais;
> III - o ensino oficial ulterior ao primário será, igualmente, gratuito para quantos, demonstrando efetivo aproveitamento, provarem falta ou insuficiência de recursos. Sempre que possível, o Poder Público substituirá o regime de gratuidade pelo de concessão de bolsas de estudo, exigido o posterior reembolso no caso de ensino de grau superior; [...]. (Brasil, 1967).

Alguns historiadores consideram a Emenda Constitucional 1/1969 como Constituição daquele ano; porém a história não a reconhece como Carta Constitucional, e sim como arbitrariedade do regime militar. A Constituição de 1967 perdurará até 1988, quando será outorgada a "Constituição Cidadã". Pedroso (2021, p. 33) comenta que

> Foi a partir da década de 1980 que o processo de democratização da sociedade brasileira fomentou o sistema educacional para transformações significativas na área da gestão escolar. Em 1988 a Constituição Federal foi promulgada num clima de abertura à democracia, com a participação popular em decorrência dos movimentos sociais que promoveram a redemocratização do país tornando-se um "Estado Democrático de Direito".

Os avanços democráticos ao redor do mundo e o enfraquecimento do regime militar no Brasil levaram à formação de uma Assembleia Constituinte, eleita em 1987, responsável em escrever uma nova Constituição, que então foi aprovada em 5 de outubro de 1988.

A Constituição de 1988 é chamada de "cidadã" por ter tido participação popular e por garantir direitos que haviam sido suprimidos durante os 20 anos em que vigorou a Constituição de 1967. Nela é garantido o livre exercício da cidadania, por meio de projetos de leis de iniciativa popular. São definidas ainda as cláusulas pétreas, como o regime federativo, a separação de poderes, e as garantias de direitos individuais e coletivos.

Sobre os direitos sociais, temos no Art. 6º:

> São direitos sociais a educação, a saúde, a alimentação, o trabalho, a moradia, o transporte, o lazer, a segurança, a previdência social, a proteção à maternidade e à infância, a assistência aos desamparados, na forma desta Constituição. (Brasil, 1988).

Os direitos a alimentação, moradia e transporte foram acrescidos na Emenda Constitucional 90/2015.

As mudanças que ocorrem a respeito da educação se dão, principalmente, por torná-la um direito social, gratuito e como dever do Estado. Nesse ponto, a educação é vista para além da transmissão de conhecimentos, sendo ela essencial para o exercício da cidadania, como nos apresenta o Art. 205 da Constituição:

> A educação, direito de todos e dever do Estado e da família, será promovida e incentivada com a colaboração da sociedade, visando ao pleno desenvolvimento da pessoa, seu preparo para o exercício da cidadania e sua qualificação para o trabalho. (Brasil, 1988).

Para a garantia desse direito social, leis próprias da educação foram elaboradas. Na Constituição de 1988, Art. 214, estabelece-se a elaboração de um Plano Nacional de Educação com a finalidade de fixar as diretrizes e metas para garantir a manutenção e o desenvolvimento dos sistemas de ensino.

> Art. 214. A lei estabelecerá o plano nacional de educação, de duração decenal, com o objetivo de articular o sistema nacional de educação em regime de colaboração e definir diretrizes, objetivos, metas e estratégias de implementação para assegurar a manutenção e desenvolvimento do ensino em seus diversos níveis, etapas e modalidades por meio de ações integradas dos poderes públicos das diferentes esferas federativas [...]. (Brasil, 1988).

Dados os princípios constitucionais para a educação, foi elaborada legislação própria para a educação. A Lei 9.394, de 20 de dezembro de 1996, estabeleceu as Diretrizes e Bases da Educação Nacional (LDBEN), e está em vigor até os dias atuais. Com essa lei, ficou definida e regulamentada a educação brasileira, baseada nos princípios estabelecidos pela Constituição. No Art. 1º, é definido onde acontecem os processos formativos:

> Art. 1º A educação abrange os processos formativos que se desenvolvem na vida familiar, na convivência humana, no trabalho, nas instituições de ensino e pesquisa, nos movimentos sociais e organizações da sociedade civil e nas manifestações culturais. (Brasil, 1996).

No Art. 9º, é reafirmada a elaboração de um Plano Nacional de Educação em colaboração com os demais entes federados, a fim de assegurar formação básica comum.

> Art. 9º A União incumbir-se-á de: I - elaborar um Plano Nacional de Educação em colaboração com os Estados, o Distrito Federal e os Municípios; [...]; IV – estabelecer, em colaboração com os Estados, o Distrito Federal e os Municípios, competências e diretrizes para a educação infantil, o ensino fundamental e médio, que nortearão os currículos e seus conteúdos mínimos, de modo a assegurar formação básica comum; [...]. (Brasil, 1996).

O atual PNE foi aprovado no ano de 2014, por meio da Lei 13.005, com vigência de dez anos. Nele, estabeleceram-se diretrizes e 20 metas para a educação do país (Brasil, 2014).

Com a garantia da educação como direito social, a gestão democrática dos estabelecimentos de ensino público também foi garantida enquanto princípio constitucional. Gadotti (2014, p. 2) diz que

> [...] é preciso deixar claro que a gestão democrática não está separada de uma certa concepção da educação. Não tem sentido falar de gestão democrática no contexto de uma educação tecnocrática ou autoritária. Ela deve ser coerente com uma concepção democrática e emancipadora da educação.

Gestão democrática: base legal

A administração dos estabelecimentos de ensino público também ganhou amparo legal na Constituição de 1988. No Art. 206, são descritos os princípios que norteariam o ensino bem como a forma que ele seria administrado; e, no inciso IV, a gestão democrática aparece como princípio para a administração escolar. "O ensino será ministrado com base nos seguintes princípios: VI – gestão democrática do ensino público, na forma da lei" (Brasil, 1988).

O princípio da gestão democrática é também confirmado na LDBEN/1996, ao reafirmar a Constituição, por meio do Art. 3º, inciso VIII, a gestão democrática como meio de o gestor escolar conduzir seu trabalho. Já o Art. 14 dá autonomia para que os sistemas de ensino definam as normas de gestão democrática segundo a sua realidade e peculiaridade, observando os seguintes princípios: "I - participação dos profissionais da educação na elaboração do projeto pedagógico da escola; **II** - participação das comunidades escolar e local em conselhos escolares ou equivalentes" (Brasil, 1996).

Seguindo as leis educacionais vigentes, vemos que, entre as 20 Metas para a educação do país, o PNE (2014-2024) apresenta a gestão democrática como uma delas (Meta 19); e, para garantir o alcance da meta relacionada à gestão democrática, foram estabelecidas oito estratégias: 1. Sobre os recursos financeiros vinculados ao desempenho e compromisso no cumprimento das metas; 2. Refere-se à formação dos conselhos e conselheiros, repasses financeiros; 3. Incentiva os entes federados a constituírem Fóruns Permanentes de Educação; 4. Estimula a constituição de grêmios estudantis e associações de pais; 5. Estimula a constituição e o fortalecimento de conselhos escolares com a finalidade de participar e fiscalizar a gestão escolar e educacional; 6. Estimula a participação da comunidade escolar na elaboração do Projeto Político-Pedagógico (PPP); 7. Favorece processos de autonomia pedagógica, administrativa e de gestão financeira; e 8. Desenvolve programa de formação de diretores e gestores escolares, bem como aplicações de prova nacional específica como um meio de quantificar e avaliar a gestão.

A opção pela gestão democrática apresentada na Constituição, LDBEN 9.394/1996 e PNE, é um meio proposto para se alcançar, de fato, o objetivo da educação, que é "pleno desenvolvimento da pessoa, seu preparo para o exercício da cidadania e sua qualificação para o trabalho" (Brasil, 1988, Art. 205). Diante desse contexto e necessidade da participação de todos no processo de gestão e acompanhamento escolar, Paro (2001, p. 10) afirma que

> Embora vital não basta haver regras que regulem pelo alto, fazendo ordenamento jurídico-político da sociedade. É preciso que cada indivíduo pratique a democracia. Daí a relevância do exercício concreto e cotidiano da cidadania: só há sociedade democrata com cidadãos democratas.

Assim, o princípio da gestão democrática só é justificado dentro da prática democrática.

Gestão democrática: princípios básicos

Paro relembra que a escolha dessa forma de administração não ocorreu por acaso, mas foi pela luta dos trabalhadores da educação.

> Quando os grupos organizados da sociedade civil, em especial os trabalhadores em educação, pressionaram os constituintes de 1988 para inscreverem na Carta Magna o princípio da gestão democrática do ensino, eles estavam legitimamente preocupados com a necessidade de uma escola fundada sob a égide dos preceitos democráticos, que desmanchasse a atual estrutura hierarquizante e autoritária que inibe o exercício de relações verdadeiramente pedagógicas, intrinsecamente opostas às relações de mando e submissão que são admitidas, hoje, nas escolas. (Paro, 2001, p. 55).

Sendo uma organização pública, a escola deve estar em sintonia com as políticas públicas estabelecidas que as orientam. Ela é um espaço dinâmico que tem como função a capacitação para o livre exercício da cidadania e a apropriação do saber produzido e acumulado ao longo da história. Sem o mínimo do saber e da cultura, não há condições para o exercício da cidadania (Paro, 2001).

Para Lück, a escola deve ser organizada de forma que se possam alcançar esses objetivos, daí uma gestão que se aproxime desses princípios.

> [...] a gestão escolar constitui uma dimensão e um enfoque de atuação em educação, e objetiva promover a organização, a mobilização e articulação de todas as condições materiais e humanas necessárias para garantir o avanço dos processos sócio educacionais dos estabelecimentos de ensino, orientados para a promoção efetiva da aprendizagem dos alunos, de modo a torná-los capazes de enfrentar adequadamente os desafios da sociedade complexa, globalizada e da economia centrada no conhecimento. (Lück, 2009, p. 24).

Como já citado, a gestão democrática é o princípio garantido por lei para se conduzir a gestão escolar. É a forma de gerir uma organização que prioriza o coletivo, em que todos têm o direito de opinar de maneira ativa nos processos de decisão e, da mesma forma, responsabilizar-se para que as decisões tomadas se concretizem. É por essa abertura que ela se torna descentralizada e dialógica, aproximando-se dos princípios democráticos de fato. Alcançar a Meta 19 do Plano Nacional de Educação, que assegura o prazo de dois anos para a implementação da gestão democrática, será um desafio para a grande maioria das escolas públicas, porque ainda não estão organizadas conforme os princípios legais. Santos (2016, p. 35) comenta que "[...] a gestão escolar, na maioria das escolas públicas, ainda se baseia no modelo de administração clássica, estática e burocrática, não condizente com as necessidades de um mundo em constantes e rápidas transformações".

A construção de uma gestão democrática envolve vários elementos, não podendo ser definida somente por esta ou aquela condição, porém existem princípios que são essenciais, e sem estes os demais não podem ser realizados. Entre esses princípios, está a autonomia e a participação de todos os envolvidos na escola. Bordignon e Gracindo (2001, p. 169) comentam que a gestão democrática "só existirá na medida em que forem desenvolvidas a autonomia e a participação de todos, no clima e na estrutura organizacionais compatíveis com essa prática visando a emancipação".

A gestão democrática é garantida por lei, porém a lei não diz *como* fazê-lo. A LDBEN e o PNE (*cf.* Meta 19) apontam meios de tornar uma gestão democrática, porém é um processo que deverá ser construído de acordo com a realidade social em que a escola está inserida, é um processo construtivo no qual a participação de todos é essencial. Não é possível pensar gestão escolar democrática sem diálogo, sem discussão, sem escuta, sem compromisso de todos, e que no dia a dia vai se concretizando.

Para Lück (2009), essa abertura de escuta e diálogo dentro da gestão democrática não exime o diretor das responsabilidades perante a escola em que ele está como representante legal. Em muitas instituições, é comum que o diretor assuma a responsabilidade administrativa e técnica e transfira para a equipe técnico-pedagógica toda a responsabilidade do processo de aprendizagem. Segundo a autora,

> [...] compete, pois, a gestão escolar estabelecer o direcionamento e a mobilização capazes de sustentar e dinamizar a cultura das escolas, para realizar ações conjuntas, associadas e articuladas, sem as quais todos os esforços e gastos são despendidos sem muito resultado, o quê, no entanto, tem acontecido na educação brasileira, uma vez que se tem adotado até recentemente, a prática de buscar soluções tópicas, localizadas, quando, de fato, os problemas são globais e inter-relacionados. (Lück, 2009, p. 24).

A gestão democrática é um processo construído dentro da realidade da escola. Por ser uma construção coletiva, é preciso que haja abertura, organização e motivação para esse processo. No entanto, é por meio da liderança do diretor que a gestão democrática começara a se concretizar, pois ele expressa a capacidade de influenciar, congregar e efetivar a atuação das pessoas. Bordignon e Gracindo (2001, p. 171) comentam que, [...] se a escola e seus objetivos pertencerem ao (à) Diretor (a), ao governo, não há porque os professores, os funcionários, os agentes da comunidade e se sentirem comprometidos com ela.

Os autores referidos apontam alguns caminhos mínimos para que a gestão democrática aconteça de fato. Um primeiro passo seria a eleição dos diretores (Paro, 2003), substituindo as indicações meritocráticas e políticas. É comum vermos os diretores serem nomeados por aqueles que estão na administração pública e, no momento que estes deixam ou são substituídos, os diretores, da mesma forma, são trocados.

Rever a forma de nomeação de diretores é também preocupação abordada por Libâneo (2017). Dar poderes a alguém como diretor de uma escola é uma responsabilidade muito grande. Ele deve ter uma visão de conjunto e uma atuação que possam integrar todos os aspectos da escola: administrativo, pedagógico, financeiro, social, cultural.

> A escolha do diretor de escola requer muita responsabilidade do sistema de ensino e da comunidade escolar. Infelizmente, predomina ainda no sistema escola público brasileiro, a nomeação arbitrária de diretores pelo governador ou prefeito, geralmente para atender conveniências e interesses político-partidários. Essa prática torna o diretor representante do poder executivo na escola. Outras formas de escolha são o concurso público e a eleição pelo voto direto ou representativo. (Libâneo, 2017, p. 89).

Outro ponto essencial para a efetivação de uma gestão democrática é a elaboração do projeto político-pedagógico construído com a participação da direção, dos professores, dos funcionários, dos alunos e dos pais. O PPP é o documento oficial que deve refletir a realidade escolar e, por consequência, orientar o processo educacional. Sua elaboração está garantida na lei (Art. 12 da Lei 9.394/1996) e permite aproximá-lo da realidade escolar, com base em uma visão de conjunto, e traçar objetivos.

Lück (2009, p. 38) afirma que "o PPP é um instrumento balizador para o fazer educacional e, por consequência, expressa a prática pedagógica das escolas, dando direção à gestão e as atividades educacionais", e relembra, ainda, que o foco do PPP é o aluno, sua formação cidadã e os processos pedagógicos que favoreçam sua aprendizagem.

Para Libâneo, a autonomia da escola é um dos princípios mais importantes para que a gestão democrática aconteça de fato. Nas palavras do autor,

> [...] um modelo de gestão democrática-participativa tem na autonomia um dos seus mais importantes princípios, implicando a livre escolha dos objetivos e processos de trabalho e a construção conjunta do ambiente de trabalho. (Libâneo, 2017, p. 80).

A autonomia permite a elaboração do seu próprio projeto, mais próximo de sua realidade, e não a realização acrítica, cega de um projeto que foi elaborado e estabelecido por terceiros sem refletir a verdadeira realidade e necessidade em que a escola está inserida. Para Gadotti e Romão, a autonomia expressa-se na

> [...] criação de novas [sic] relações sociais, que se opõem às relações autoritárias existentes. Autonomia é o oposto da uniformização. A autonomia admite a diferença, e por isso, supõe a parceria. Só a igualdade na diferença e a parceria são capazes de criar o novo [...]. (Gadotti; Romão, 1997, p. 47).

Para a efetivação de uma gestão democrática, os órgãos colegiados são um meio concreto de atuação. Libâneo afirma que, "entre as modalidades mais conhecidas de participação estão os Conselhos de classe e os Conselhos de Escola, Colegiados ou Comissões que surgiram na década de 80, funcionando em vários estados" (Libâneo, 2017, p. 113).

Segundo Lück (2009), a nomenclatura oficial dos órgãos colegiados é Unidade Executora (UEX), mas têm diferentes nomes nas escolas, como Associação de Pais e Mestres (APM), Associação de Pais, Professores e Comunidade (APPC), Conselhos Escolares, Conselhos Deliberativos e Caixas Escolares. Independentemente de qual seja a UEX, elas estão vinculadas à escola.

> O importante é a escola criar a UEX com a denominação que convier, tendo como princípio básico ser entidade que congrega pais, alunos, funcionários da escola e professores, objetivando a cooperação e interação entre escola e comunidade nas ações sócio educacionais. (Lück, 2009, p. 73).

O grande desafio é o funcionamento das UEX, para que seja realmente participativo em seu sentido pleno e que não exista somente na formalidade. Os grupos colegiados devem participar de forma ativa no processo de decisão e implementação das decisões tomadas, e não somente dar aval às decisões tomadas de forma arbitrária e/ou assinar as prestações de contas e conferi-las. O gestor escolar, nesse caso, é quem poderá criar um ambiente e uma cultura de participação efetiva dos grupos colegiados.

O papel do gestor na gestão democrática

Para que a gestão democrática aconteça de fato na escola pública, é preciso evoluir da norma e do princípio para a ação, de forma que todos os envolvidos no ambiente escolar possam ser pertencentes a esse processo.

Como já dissemos, a legislação brasileira, desde a CF de 1988, passando pela LDBEN de 1996 até o PNE 2014-2024, toma a gestão democrática como princípio para a administração dos ambientes escolares. Essa escolha não é ao acaso, mas consequência da situação política, social e cultural no momento em que se rompia com a ditadura militar. Nesse processo, os movimentos sociais ganharam destaque e constituíram-se nos meios de questionar as formas de governo (Ruiz, 2009). Assim, a gestão democrática aproxima-se do novo contexto social e político iniciado.

Mesmo a legislação tendo preconizado a gestão democrática, ela não acontece de forma espontânea, tendo ainda muitas resistências a essa forma de organização. Essa resistência pode ser percebida por meio do PNE, ao apresentar na Meta 19 a implantação da gestão democrática. Essa resistência se dá em diferentes esferas, seja por parte do poder público, em que ainda é possível ver a nomeação de diretores segundo sua filiação partidária, seja por parte dos próprios administradores, diretores, professores, por não saberem como podem iniciar essa mudança na administração escolar.

Pauls e Morais (2016) mostraram na sua pesquisa que a dificuldade de implementar a gestão democrática estava no fato de a equipe pedagógica não conhecer ou não ter condições culturais para executá-la. Outra dificuldade é que muitos gestores, e até mesmo os pais, veem os grupos colegiados como uma obrigação formal, ou ainda pela própria população que permanece às margens da escola como receptoras de decisões tomadas externamente, sem refletir a realidade em que a escola está inserida. O desafio apresentado é tornar a gestão democrática uma realidade na administração dos ambientes educativos.

O gestor escolar validamente constituído assume as responsabilidades formais e legais a ele atribuídas. Ele é primeiro responsável pelo bom andamento da escola e deve geri-la de acordo com os princípios da gestão pública, determinados no Art. 37 da CF:

> A administração pública direta e indireta de qualquer dos Poderes da União, dos Estados, do Distrito Federal e dos Municípios obedecerá aos princípios de legalidade, impessoalidade, moralidade, publicidade e eficiência. (Brasil, 1988).

Lück apresenta as atribuições daquele que exerce a função de diretor, tendo sempre como normativa os princípios da gestão pública. Nas palavras da autora,

> O diretor escolar é o líder, mentor, coordenador e orientador principal da vida da escola e todo o seu trabalho educacional, não devendo sua responsabilidade ser diluída entre todos os colaboradores da gestão escolar, embora possa ser com eles compartilhada. Portanto, além do sentido abrangente, a gestão escolar constitui, em caráter delimitado, a responsabilidade principal do diretor escolar, sendo inerente ao seu trabalho a responsabilidade maior por essa gestão. (Lück, 2011, p. 23).

Por ser o primeiro responsável legal pela escola e pelo seu bom andamento, o diretor precisa desenvolver competências e habilidades de liderança para que a gestão democrática aconteça de fato. Segundo Lück (2011), não basta ter clareza sobre a definição de liderança, é preciso compreender os desdobramentos que ela traz. A liderança traz consigo a ideia de efetividade e, com isso, características como a de influenciar as pessoas para o desenvolvimento de atividades dentro de processos dinâmicos, interativos e participativos. Assim, a autora define que

> Liderança é, pois, um conceito complexo que abrange um conjunto de comportamentos, atitudes e ações voltado para influenciar pessoas e produzir resultados, levando em consideração a dinâmica das organizações sociais e do relacionamento interpessoal e intergrupal no seu contexto, superando ambiguidades, contradições, tensões, dilemas que necessitam ser mediados à luz de objetivos organizacionais elevados. Com relação a essa prática pelo diretor escolar, amplos estudos têm indicado que, no enfrentamento dos inúmeros dilemas, ambivalências, tensões e dificuldades por ele enfrentadas, o seu sucesso se assenta sobre seu entusiasmo proativo, orientado por valores educacionais consistentes e sólidos, tendo como foco o desenvolvimento de uma cultura de aprendizagem significativa na escola. (Lück, 2011, p. 37).

Valendo-se dessa definição, a autora reforça a ideia de que a liderança tem algumas características intrínsecas. A liderança está atrelada à posição que se ocupa, ou seja, em cargos de responsabilidade elevada, espera-se que aquele que tem autoridade legal seja também um líder. Dessa ideia, decorre que ser líder é desenvolver características de personalidade que também se refletem no comportamento. Pensando o líder conforme a gestão democrática, entendemos que a legislação por si só não garante que uma escola seja guiada por tais princípios, mas que dependerá da atuação do gestor.

A flexibilidade é também uma caraterística do líder, e a liderança poderá se desdobrar em diferentes enfoques, de acordo com a demanda. Lück (2011) apresenta alguns modos de liderança que não agem de forma isolada, mas, conforme estudos recentes, as lideranças dividem-se para melhor compreensão:

A *liderança transformacional* é aquela em que o líder está empenhado no processo de transformação como um todo, superando a ideia de inovação. Ela se realiza pela criação de um estágio abrangente de consciência dos envolvidos. A *liderança transacional* focaliza as interações das pessoas e os estilos de relacionamento com o objetivo de promover a unidade e melhores condições para a realização dos objetivos. No campo educacional, ela é essencial, porque são as pessoas que fazem com que a educação aconteça. Já a *liderança compartilhada* refere-se à necessidade de compartilhar as decisões e responsabilidades dentro da construção de um projeto. No caso das escolas, é buscar juntos os objetivos da educação, que é a formação do cidadão, o exercício da cidadania e o preparo para o trabalho. A *coliderança* é outro modo, no caso da educação, exercida por aqueles que fazem parte da gestão escolar como vice-diretores, mas, para que ela aconteça, são necessários o entendimento e a articulação entre os envolvidos. A *liderança educativa* diz respeito à capacidade de orientar a aprendizagem no trabalho por meio da modelagem, do monitoramento e do diálogo, não somente com os profissionais, mas também acompanhar o processo de aprendizagem dos alunos. Por fim, na *liderança integradora* ou *holística*, entende-se que não são os fatos isolados que fazem a diferença, senão o conjunto, que está intimamente ligado (Lück, 2011).

Ainda segundo Lück, a liderança também se relaciona com outros aspectos importantes, como poder, desenvolvimento e controle. O poder, neste caso, não pode ser confundido com coerção ou medo, mas enquanto relação de influência sobre as pessoas e organizações, sendo as motivações e as atitudes do líder que exercem o poder de influenciar as demais. A utilização do poder deverá levar o líder e os demais envolvidos ao desenvolvimento, que é ir para além do que se espera, do que é determinado por lei, otimizando as potencialidades. Para se alcançar esse desenvolvimento, o líder exerce também o controle que pressupõe a existência de parâmetros que guiarão a ação. Controlar, neste caso, significa avaliar o processo.

Essas atitudes de liderança não são inatas ao homem; podem ser desenvolvidas e aperfeiçoadas sendo condição essencial para aqueles que ocupam cargos de responsabilidade. Para Lück,

> Desenvolver habilidades e atitudes de liderança é possível – e imprescindível para quem desempenha funções educacionais e de gestão escolar – mediante a prática intencional e contínua das habilidades e atitudes correspondentes. Essa prática se torna mais efetiva quando associada a ela o esforço e a orientação pessoal no sentido de identificar as características e comportamentos assumidos e a sua relação com os seus efeitos. Inicialmente sob a forma de exercício, ela passa, gradualmente, a ser mais natural até incorporar-se ao conjunto de habilidades e atitudes da pessoa, isto é, ao seu modo de ser e de fazer. (Lück, 2011, p. 123).

Atitudes de liderança tornam-se essenciais para a concretização da gestão escolar democrática. Como já dissemos, a gestão democrática tem como princípio a participação de todos os envolvidos no ambiente escolar por meio do diálogo e do debate promovidos dentro da esfera pública.

Considerações finais

Diante do exposto, podemos ainda levantar alguns questionamentos a respeito do desafio da implementação da gestão democrática. O primeiro questionamento que podemos levantar é: como o gestor poderá motivar a comunidade escolar (pais, alunos, professores, direção, colaboradores, comunidades) a participar e se comprometer com o processo educativo?

Na gestão democrática, a elaboração do projeto político-pedagógico será conforme a realidade local e a participação da comunidade escolar, porém deparamo-nos com a dificuldade de criar momentos de reuniões para a elaboração desse documento. Como motivar a comunidade escolar a se comprometer com a elaboração do PPP, quando muitos olham para o referido documento como uma simples obrigação legal?

Por meio do consenso, todos se tornam responsáveis pelo acordo, mas questionamos: como pode um professor se comprometer de fato com a escola, se ele precisa assumir aulas em mais de um colégio para poder ter o seu sustento? A logística para chegar ao trabalho sem atraso faz com que o professor tenha pouco tempo para se comprometer de fato com a escola. E mais: como ter momentos de encontro para discussão, se muitas vezes os pais necessitam de transporte para chegar à escola e o transporte escolar não pode atender fora do seu turno?

Como um terceiro questionamento, elencamos: como promover a gestão democrática em escolas privadas e onde ainda os diretores são nomeados externamente? Como desenvolver espaços de fala, de escuta, de diálogo e debate nessas escolas? O diálogo e o debate fazem parte da democracia. Acolher e escutar o outro é atitude necessária para chegar ao consenso e, assim, se aproximar da realidade escolar. Dessa forma, a escola desempenhará a sua função apresentada na Constituição federal brasileira, que é o "pleno desenvolvimento da pessoa, seu preparo para o exercício da cidadania e sua qualificação para o trabalho" (Brasil, 1988, Art. 205).

Referências

BORDIGNON, G.; GRACINDO, R. Gestão da educação: o município e a escola. *In*: FERREIRA, N.; AGUIAR, M. (org.). **Gestão da educação**: impasses, perspectivas e compromissos. 2. ed. São Paulo: Cortez, 2001. p. 147-176.

BRASIL. [Constituição (1824)]. **Constituição Politica do Imperio do Brazil (de 25 de março de 1824)**. Rio de Janeiro: Secretaria de Estado dos Negocios do Imperio do Brazil, 1824. Disponível em: http://www.planalto.gov.br/ccivil_03/constituicao/constituicao24.htm. Acesso em: 20 jul. 2022.

BRASIL. [Constituição (1891)]. **Constituição da República dos Estados Unidos do Brasil (de 24 de fevereiro de 1891)**. Rio de Janeiro: Congresso Nacional Constituinte, 1891. Disponível em: http://www.planalto.gov.br/ccivil_03/constituicao/constituicao91.htm. Acesso em: 20 jul. 2022.

BRASIL. [Constituição (1934)]. **Constituição da República dos Estados Unidos do Brasil (de 16 de julho de 1934)**. Rio de Janeiro: Assembléia Nacional Constituinte, 1934. Disponível em: http://www.planalto.gov.br/ccivil_03/constituicao/constituicao34.htm. Acesso em: 20 jul. 2022.

BRASIL. [Constituição (1937)]. **Constituição dos Estados Unidos do Brasil, de 10 de novembro de 1937**. Rio de Janeiro: Presidência da República, 1937. Disponível em: http://www.planalto.gov.br/ccivil_03/constituicao/constituicao37.htm. Acesso em: 20 jul. 2022.

BRASIL. [Constituição (1946)]. **Constituição dos Estados Unidos do Brasil (de 18 de setembro de 1946)**. Rio de Janeiro: Assembléia Constituinte, 1946. Disponível em: http://www.planalto.gov.br/ccivil_03/constituicao/constituicao46.htm. Acesso em: 20 jul. 2022.

BRASIL. [Constituição (1967)]. **Constituição da República Federativa do Brasil de 1967**. Brasília: Congresso Nacional, 1967. Disponível em: http://www.planalto.gov.br/ccivil_03/constituicao/constituicao67.htm. Acesso em: 20 jul. 2022.

BRASIL. [Constituição (1988)]. **Constituição da República Federativa do Brasil de 1988**. Brasília: Assembléia Nacional Constituinte, 1988. Disponível em: http://www.planalto.gov.br/ccivil_03/Constituicao/ Constituiçao.htm. Acesso em: 22 fev. 2022.

BRASIL. **Lei nº 9.394, de 20 de dezembro de 1996**. Estabelece as diretrizes e bases da educação nacional. Brasília: Presidência da República, 1996. Disponível em: http://www.planalto.gov.br/ccivil_03/leis/l9394.htm. Acesso em: 23 fev. 2022.

BRASIL. **Lei nº 13.005, de 25 de junho de 2014**. Aprova o Plano Nacional de Educação (PNE) e dá outras providências. Brasília: Presidência da República, 2014. Disponível em: http://www.planalto.gov.br/ccivil_03/_ato2011-2014/2014/lei/l13005.htm. Acesso em: 22 fev. 2022.

GADOTTI, M. Gestão democrática com participação popular no planejamento e na organização da educação nacional. *In*: CONFERÊNCIA NACIONAL DE EDUCAÇÃO, 2014, Brasília. **Anais** [...]. Brasília: MEC, 2014. p. 1-25.

GADOTTI, M.; ROMÃO, J. (org.). **Autonomia da escola**: princípios e propostas. 2. ed. São Paulo: Cortez, 1997.

LIBÂNEO, J. C. **Organização e gestão da escola**: teoria e prática. São Paulo: Editora Heccus, 2017.

LÜCK, H. **Dimensões de gestão escolar e suas competências**. Curitiba: Positivo, 2009.

LÜCK, H. **Liderança em gestão escolar**. 7. ed. Petrópolis: Vozes, 2011. (Série Cadernos de gestão; 4).

LUCKESI, Carlos Cipriano. **Gestão Democrática da escola, ética e sala de aula.** ABC Educatio, n. 64. São Paulo: Criarp, 2007.

PARO, V. H. **Escritos sobre educação**. São Paulo: Xamã, 2001.

PARO, Vitor Henrique. **Eleição de diretores**: a escola pública experimenta a democracia. 2. ed. São Paulo: Xamã, 2003.

PAULS, M. P.; MORAIS, C. W. J. A ação comunicativa como caminho para a efetivação da gestão democrática escolar: mudança pela formação da equipe pedagógica. *In*: CADERNOS PDE: os desafios da escola pública paranaense na perspectiva do professor PDE. Paraná: [*s. n.*], 2016.

PEDROSO, C. V. B. A. **A gestão democrática e a formação dos gestores das escolas de educação básica no estado do Paraná**: contribuições do programa Gestão em Foco. 2021. Dissertação (Mestrado em Educação) – Pontifícia Universidade Católica do Paraná, Curitiba, 2021.

RUIZ, M. J. F. Princípios democráticos, ação comunicativa e gestão escolar. **Educação em Revista**, Marília, v. 10, n. 1, p. 1-14, jan./jun. 2009.

SANTOS, C. **A gestão educacional e escolar para a modernidade**. 2. reimp. São Paulo: Cengage Learning, 2016

.

3

GESTÃO EDUCACIONAL: OS LIMITES IMPOSTOS PELA PERFORMATIVIDADE E PELO GERENCIALISMO

Haroldo Andriguetto Junior

Introdução

Já não é mais novidade o fato de que as organizações, entre elas as educacionais, interagem em um ambiente altamente complexo, dinâmico e global. Essa realidade teve início em meados da década de 1980, quando uma lógica baseada em desempenho e controle, estes mais conhecidos como gerencialismo e performatividade (Ball, 2005), veio à tona por ser uma possível solução para uma necessária "reforma do Estado" e consequente modernização de seus processos perante o processo de globalização que se impunha às nações.

As organizações educacionais (Lima, 2011) não ficaram isentas dessa reforma. Pelo contrário, os discursos do governo brasileiro à época reforçavam claramente a necessidade de uma profunda racionalização do trabalho, implementando como saída uma lógica de administração empresarial para essas instituições. Sem uma teoria própria de administração educacional, escolas públicas e privadas utilizavam-se de modelos desenvolvidos no âmbito das empresas privadas, apropriando-se de conceitos de natureza técnica, racional e meritocrática, portanto mais gerencialista e performativa, adaptados das indústrias e feitos para sistemas completamente mecanizados e seriados (Maia, 2008).

A herança desse período rendeu às organizações educacionais uma gestão mais burocrática e racional, um pouco diferente de sua natureza complexa, ambígua e social (Baldridge, 1983; Meyer Jr., 2005). O resultado desse longo período de transformações tem reverberado até os dias de hoje, dados os variados modelos de gestão existentes nas escolas: escolas empresariais, escolas de capital aberto, escolas públicas em parcerias com privadas, plataformas educacionais, escolas sem um modelo de gestão claro, gestão amadora, empreendedora, democrática, e tantos outros tipos possíveis têm se dedicado a gerenciar ou administrar uma das instituições mais importantes da sociedade, a única capaz de elevar a qualidade do desenvolvimento humano de uma nação — as escolas, as instituições (Chaui, 2003) e as organizações educacionais (Lima, 2011).

Dessa forma, o objetivo deste capítulo é demonstrar os limites impostos pelo gerencialismo e pela performatividade (Ball, 2005) na gestão educacional de escolas públicas e privadas, com e sem fins lucrativos, de educação básica de Curitiba. Para tanto, foram realizadas entrevistas semiestruturadas com os diretores escolares, e os dados foram categorizados e analisados seguindo a técnica de análise de conteúdo de Bardin (2011), buscando demonstrar como e se as práticas gerencialistas e performativas limitam a gestão educacional.

O gerencialismo e a educação

Até os anos de 1970, o Brasil seguia princípios de cunho desenvolvimentista em sua gestão, focados na ideia da "força do Estado", com pujante produção interna e consequente diminuição das importações. Contudo, a partir de meados dos anos de 1980, com as crescentes transformações impostas por um mundo globalizado, um conjunto de fatores conjunturais desequilibraram o país: um enorme déficit fiscal; a incapacidade de cumprir tarefas e funções demandadas interna e externamente; crise do Estado de bem-estar social; e perda de legitimidade perante a população deixaram o cenário ainda mais crítico para o governo e à mercê de emergentes transformações estruturais (Bresser-Pereira, 2004).

Nesse contexto de grandes transformações e sobre a prerrogativa da necessidade de uma "nova administração pública", surge o gerencialismo (Ball, 2005), que tem sido o "mecanismo central da reforma política e de reengenharia cultural do setor público nos países do norte nos últimos 20 anos" (Ball, 2005, p. 544). Apesar de sua base histórica no contexto americano, com a economia mundializada, o Brasil acabou sendo influenciado por valores e princípios de cunho gerencialista pós-fordistas de reestruturação produtiva (Paula, 2005).

Inevitavelmente, essa corrente de pensamento e cultura gerencialista passou a influenciar e representar as necessidades das empresas e governos, transcendendo, portanto, as matrizes histórico-culturais locais, alcançando todos os segmentos, inclusive o educacional. Tanto é fato que, no Brasil, já no início dos anos 1980, à medida que o subcampo da administração educacional evoluía, cresciam as críticas sobre os modelos até então aplicados de administração geral às escolas (Rosar, 1999), o que Souza (2007) chamou de "período crítico" para o pensamento da administração educacional no Brasil.

Neste período — início dos anos 1980 00, segundo Souza (2007), autores como Arroyo (1979), Félix (1984), e Paro (1988) já compactuavam com ideias semelhantes, quando criticavam a reforma da administração educacional e inseriam no campo as primeiras lutas simbólicas (Bourdieu, 1983). Estes autores concordavam que as produções existentes sobre esse tema no país eram de perfil teórico ou baseadas em análises da produção teórica; que também discordavam da administração científica como contribuição da manutenção das condições econômicas, sociais e políticas da sociedade; e avaliavam os quesitos da reforma educacional como de essência tecnocrática, em especial quanto aos dirigentes escolares, reconhecidos por estes autores como gerentes em uma empresa produtiva, fortemente correlacionados à produtividade nestas organizações.

Dessa forma, uma cultura gerencial veio ganhando "campo" (Bourdieu, 1983) sobre o contexto escolar. Resistindo às críticas, fazia parte de um pacote de medidas que caracterizavam a reforma da educação no Brasil, justificada por um movimento internacional de reformas que daria sustentação para que o país pudesse suportar uma nova ordem econômica mundial, agora globalizada (Krawczyk, 2000). Essa nova ordem apresentava alguns lemas centrais, como empreendedorismo, e "valores vitorianos" (Paula, 2005, p. 38), como: esforço e trabalho duro, motivação, ambição, criatividade, inovação, excelência, independência, flexibilidade e responsabilidade pessoal.

Foi neste período, mais especificamente ano de 1995, que a administração pública gerencial ou nova administração pública emergiu como potencial modelo para o gerenciamento do Estado brasileiro. Foi nessa ocasião que o ex-ministro Luiz Carlos Bresser-Pereira manifestou seu interesse pelas experiências gerencialistas realizadas em outros países, viajando para o Reino Unido a fim de estudá-las e formular uma proposta de adaptação desse modelo ao contexto nacional (Bresser-Pereira, 1998).

Para Bresser-Pereira (1998), a reforma e a divisão das atividades reorganizariam o aparelho do Estado e fortaleceriam seu núcleo estratégico, transformando cultura burocrática em cultura gerencial. Isto é, a reforma apontava para a função de administradores públicos, que colocariam em prática ideias e modelos de gestão importados do setor privado, tais como programas de qualidade, empoderamento de equipes — *empowerment* — e reengenharia organizacional.

Bresser-Pereira (1998) era favorável aos princípios do gerencialismo, que ele mesmo havia pesquisado, por exemplo, no Reino Unido. Para alcançar seus objetivos, o novo modelo de gestão deveria enfatizar a profissionalização e o uso de práticas de gestão do setor privado, em seus três níveis: federal, estadual e municipal.

O gerencialismo definiu-se, portanto, como "a inserção, no setor público, de uma nova forma de poder, um instrumento para criar uma cultura empresarial competitiva, uma força de transformação". Ball é categórico ao afirmar que o gerencialismo teve o prejudicial papel de "destruir os sistemas éticos-profissionais que prevaleciam nas escolas, substituindo por sistemas empresariais competitivos" (Ball, 2005, p. 544-545).

Na cultura gerencialista, o trabalho do gerente — até mesmo a ideia de existir um gerente educacional, técnico —, segundo Ball (2005), é o de incutir uma cultura na qual os trabalhadores se sentem responsáveis pelo bem-estar da organização. São práticas gerencialistas, como avaliações, pagamentos por meritocracia e publicações de resultados e indicadores, que tornam público o desempenho de cada colaborador da organização. O local de trabalho é reencantado; e a "performatividade[,] incutida na alma do trabalhador" (Ball, 2005, p. 545). Na prática, segundo Ball, o gerencialismo inclui novas subjetividades e organização de funcionamento à escola. Tal formato engloba a gestão de recursos humanos, das aprendizagens da escola, dos custos e benefícios e da produtividade.

O movimento gerencialista na educação também vem sendo aprofundado, por meio dos estudos avançados sobre a natureza das organizações educacionais e sua gestão. Pesquisas nas áreas de sociologia, antropologia e ciências políticas têm buscado melhor compreender o funcionamento das instituições educacionais. Novas abordagens e novos estudos aprofundados, como o de Baldridge (1983), Meyer Jr. (2005), Weick (1976), têm desvelado uma alta complexidade da gestão educacional e uma forte relação com o ambiente, que minimizam forças racionais e instrumentais na gestão (Clegg; Hardy, 2006).

Para autores como Baldridge (1983) e Mintzberg (1994), as escolas demonstram emergência de ações, heterogeneidade profissional, ambiguidade estratégica, além de sensibilidade ao ambiente externo, tão grandes que demandam novas e modernas técnicas de gestão. Essa nova gestão, mais adequada, permite que essas organizações interajam e sobrevivam a um ambiente altamente dinâmico, com sérias implicações na forma como gerenciam seus agentes, seus resultados em aprendizagem e como manifestam sua relevância social.

Em Mintzberg (1989), é possível perceber que a obsessão pela eficiência e gestão significa privilegiar dados tangíveis e mensuráveis, conduzindo ao perigo do excesso de gerencialismo. Muito antes dele, Etzioni (1972) já advertia que os aspectos mais substantivos de uma escola são aqueles de maior dificuldade em mensuração, o que implica avanço de pesquisa nessa direção.

Como Ball explica de maneira muito clara: graças ao fenômeno da globalização, nações vêm sendo instigadas a competir em torno de parâmetros estabelecidos supranacionalmente, que padronizam o sentido da qualidade do serviço prestado e estabelecem metas internacionais semelhantes. Nesse ínterim, concebendo o processo de globalização como algo que interliga realidades globais e locais, as políticas nacionais de educação vêm sendo criadas num processo de "bricolagem", ou seja, um processo contínuo de "empréstimo e cópia de fragmentos e partes de ideias de outros contextos, já tentadas e testadas [...], na busca por investir em tudo aquilo que possa vir a funcionar" (Ball, 2001, p. 102).

Para Antunes *et al.* (2021), em estudo recente produzido por pesquisadores portugueses e brasileiros[2] sobre políticas educacionais e tendências observadas no período dos anos de 2007-2017, a nova configuração geopolítica, impulsionada pela globalização, além de uma reestruturação dos estados e da crise do capitalismo, provocou a educação a adequar-se diante das novas exigências de mercado. Isso inclui, segundo os autores, buscar certo alinhamento com uma nova ordem econômica, política e social, criando, inevitavelmente, uma agenda "educacional globalmente estruturada" (Antunes *et al.*, 2021, p. 1). Essa agenda, segundo as pesquisas

---

[2] Professores das Universidades Portuguesas do Minho; Algarve; Trás-os-Montes e Alto Douro; e Universidade Federal de Pernambuco.

dos mesmos autores, tem sido ambivalente, ou seja, ora de sentido mais gerencialista, ora democratizante, denotando certo hibridismo na condução das políticas educacionais.

O início da performatividade

Como cultura no meio educacional, a performatividade também é fruto de uma demanda histórica e de um pensamento gerencialista dominante que tomou conta da educação brasileira a partir da década de 1990, com a reforma do aparelho do Estado (Bresser-Pereira, 2004). A "performance" consistiu na transposição de métricas, indicadores, avaliações, exames e uma lógica de gerenciamento da educação. Reconfigurou-se, por um lado, o papel do Estado; por outro, a própria noção de educação pública, ao difundir uma ideia de qualidade que supõe diferenciações no interior dos sistemas públicos de ensino, promovendo desigualdades, como condição mesma de produção de qualidade (Souza, 2009).

Ball (2005, p. 452) definiu a performatividade como "uma tecnologia, uma cultura e um método de regulamentação que emprega julgamentos, comparações e demonstrações como meios de controle, atrito e mudança". São, segundo esse mesmo autor, como se as performances — de sujeitos individuais ou organizações — fossem tais quais medidas de produtividade ou resultados, verdadeiras formas de apresentação da qualidade para fins de promoção ou inspeção.

Esquinsani (2010) analisa que esse contexto performático levou a maior parte das escolas a mudar o foco de sua operação de dia a dia, trabalhando no limite de sua capacidade, buscando a otimização dos recursos financeiros, humanos e operacionais. O objetivo operacional, por exemplo, então era atender uma demanda crescente por vagas, distribuídas, muitas vezes, em dois ou até mesmo em três turnos regulares de trabalho, seguindo princípios de racionalização financeira e de um aproveitamento total das estruturas físicas das escolas.

Sobre esse fato, repousa a crítica de Esquinsani (2010), quando afirma que, na segunda metade do século XX, teve início na educação nacional uma contradição que atingiu diretamente os sistemas de ensino: a ampliação do número de vagas — luta histórica compromissada com o acesso de todos à escola básica —, mas que, infelizmente, não significou necessariamente a garantia de qualidade na educação de todos, sendo de essência quantitativa.

A autora revelou que não bastou (e não basta até os dias de hoje) colocar todos na escola, o que em tese revelaria uma possível eficácia do sistema, mas é preciso evidenciar formas qualitativas de administrar a expansão da escolarização (Esquinsani, 2010). Nesse sentido, segundo a autora, as avaliações em larga escala, como Sistema de Avaliação da Educação Básica (Saeb), Prova Brasil, Exame Nacional do Ensino Médio (Enem), tiveram destaque de protagonistas, pois cumpriam a função de demonstrar quantitativamente os indicadores da educação nacional, trazendo a interpretação destes para o debate da sociedade, porém sem a devida análise e sem o cotejamento de diferentes níveis de conhecimento, conforme sugere a autora, como etapas indispensáveis para análises mais profundas.

A gestão performática tem a limitação de fixar-se somente em números. Dessa forma, para evitar que o setor educacional fique à mercê das avaliações em larga escala e índices performativos, com indicadores predominantemente quantitativos, as avaliações devem, para além da coleta de informação e da análise de resultados, permitir identificar não só o que o aluno sabe, mas compreender por que não sabe (Sousa; Ferreira, 2019).

Na gestão educacional, Ball (2005) defende que a performatividade é consequência de uma reforma educacional global e uma possível inclinação natural da prática moderna, focada na eficiência e no desempenho, exteriorizando o conhecimento e transformando-o em mercadoria. Para esse autor, a performatividade é uma "tecnologia moral" presente na reforma neoliberal da educação. Cumpre uma função gerencial, tanto ao nível das instituições — nas práticas, na economia e no governo — quanto das subjetividades dos sujeitos, buscando torná-los mais eficientes conforme a reorientação e mensuração das suas atividades pedagógicas e acadêmicas (Ball, 2014).

Importante o destaque de que o objetivo maior do governo brasileiro com a performatividade e com a nova administração gerencial era o de vencer a ineficiência e a crise de governabilidade a qual o país enfrentava, sendo o principal instrumento para justificar a mudança da cultura burocrática para a cultura gerencial (Paula, 2005). Por isso, lideranças apresentavam como máximas desse período a urgência de: eficiência, supervisão, técnica e racionalidade financeira e administrativa. Dessa forma, a performatividade e o gerencialismo, no campo educacional, mostravam-se como a solução para a equação entre riqueza, eficiência e verdade (Lyotard, 1984).

Passou-se então à concepção da escola predominantemente como organização, deixando de lado seu papel de instituição, focando, por isso, apenas a dimensão racional (Lima, 2011), gerida como tal, portanto com lógica previsível, metas e objetivos claros, desempenhos mensuráveis, e resultados lineares na direção da estratégia planejada pelo Estado ou pela alta administração, por meio de determinado planejamento estratégico. Essa foi a concepção de escola e o aporte principal para as bases gerencialistas e performáticas de gestão.

Estudos mais recentes, como de Sherer (2020), têm demonstrado a performatividade ainda muito presente no cenário educacional. Segundo a autora, o ponto mais alto dessa representação no cenário educacional deu-se com a aprovação da Base Nacional Comum Curricular (BNCC), movimento fortemente influenciado pelas bases empresariais. A autora aponta influência nacional e internacional na profusão de programas performáticos para selecionar professores; avaliar os já ativos e criar uma política de formação de professores. Por fim, relata profunda influência performática no contexto educacional, na inserção de consultorias, materiais didáticos, formações e programas privados, incluindo convênio com grandes grupos empresariais para a seleção e condução de demandas educacionais.

Performatividade e gerencialismo: os limites da gestão educacional

Preliminarmente, é importante ressaltar que tanto gerencialismo quanto performatividade estão compenetrados na prática diária da gestão educacional, gerando, inevitavelmente, influências que merecem atenção de pesquisa. Infelizmente, a carência de uma teoria própria de administração educacional; o apego a uma racionalidade empresarial, às estatísticas e às burocracias; além da busca incessante por quantificar para mensurar os resultados da escola têm sido um dos grandes dilemas encontrados aos transpor uma cultura gerencialista e performativa às organizações educacionais.

Historicamente, o campo (Bourdieu, 1983) da gestão empresarial tem sido responsável por influenciar a criação de modelos de gestão e técnicas para o campo educacional. Esse fato foi confirmado no relato dos gestores entrevistados, quando demonstraram essa exterioridade depositada nas pessoas sob forma de disposições duráveis ou *habitus* (Catani *et al.*, 2017) que as guiaram na forma de pensar, sentir e agir conforme premissas já determinadas no campo social, em que todos os agentes foram indiretamente envolvidos e responsabilizados, com justificativas de modernização, organização, performance, gestão de processos, conflitos, pessoas, recursos, e resultados.

Importante esclarecer, sem o intuito de comparar, que, nesse ínterim, a agenda performativa e a gerencial foram diferentes, dependendo da natureza de cada organização educacional envolvida na pesquisa. Na escola pública, por exemplo, o desempenho foi muito influenciado pela gestão e transparência com os recursos financeiros, pelo envolvimento e relação com a comunidade local, pelo resultado das avaliações em larga escala, pela gestão de benefícios como alimentos e merenda escolar, pela relação com os órgãos colegiados públicos, e pelo relacionamento político dos dirigentes com a equipe. Nessa agenda, a gestão democrática foi um princípio importante e atual, pois baniu indicações políticas e favoreceu a inserção de profissionais focados na gestão e melhoria da qualidade do ensino.

Já no caso das organizações privadas, com e sem fins lucrativos, a agenda performativa e gerencial esteve mais ligada a fidelização ou manutenção dos alunos na escola; clara prestação de contas sobre os serviços contratados; qualidade do ensino; organização das atividades extras ofertadas e dos benefícios entregues; bem como percepção das famílias sobre o impacto positivo dessa educação, dos seus diferenciais qualitativos, além do desempenho em resultados em exames nacionais de avaliação. O nível de responsabilização dos agentes pareceu maior; e a pressão pela entrega dos resultados, mais visível, pela maior quantidade de avaliações diagnósticas, mecanismos de controle, supervisão do ensino e possibilidade de substituição dos agentes envolvidos com a prática, em casos de avaliação de desempenho menor que o esperado.

Diante do exposto, o primeiro grande limite imposto pelo gerencialismo e a performatividade aos gestores é a incapacidade de, com os modelos atuais de gestão, fundamentados em princípios gerencialistas e performativos, contemplar toda a complexidade de uma organização educacional, nos termos de Baldridge (1983). Isso porque implementar uma cultura gerencial e performativa, conforme explica Drabach e Souza (2014), significa utilizar discursos puramente importados de uma lógica empresarial, o que é evidenciado por termos como "orientação por resultados", "controle", "supervisão técnica", "hierarquia direta e atuante", "responsabilização dos agentes" e "performance" de todos os envolvidos.

Fato é que gerencialismo e performatividade, ao serem transpostos para a realidade educacional, sofreram grandes limitações diante da complexidade das escolas, em especial quanto à sobreposição de ações emergentes sobre as planejadas (Meyer Jr., 2005). Somente esse fator já colocou em xeque a mensurabilidade, a previsibilidade, o planejamento, o controle e a lógica de causa e efeito, elementos próprios dos sistemas racionais e da maioria dos modelos gerencialistas e performativos.

Ficou implícito, nos relatos da maioria dos gestores, que administrar uma organização educacional significou o tempo todo trabalhar com a emergência de ações de todos os agentes da escola. A escola revelou-se, por certo, um sistema social e dinâmico: mais imprevisível que previsível; mais incerto e ambíguo que racional e planejado.

Por outro lado, os gestores alegaram que a gestão educacional demanda, em certa medida, gerenciamento e performatividade, especialmente para resolver desafios como a formação de equipes; o engajamento de pessoas com a missão educacional; a remuneração estratégica; as novas tecnologias para ensinar e aprender; os novos tipos de constituição de famílias; as características das famílias; a violência; a sexualidade; o gênero, entre outros com pauta completamente diversa. Por isso, segundo eles, os gestores têm recorrido às soluções feitas para o mercado empresarial, como avaliações de equipes; práticas de retenção de talentos; avaliação por habilidades e competências invocadas pela meritocracia; protocolos de atendimento; organização hierárquica; pesquisa e formação continuada; uniformização da informação; fluxos de trabalho, entre outras. Contudo, isso não é tudo quando se trata de organizações educacionais, onde o "produto" é altamente intangível e de difícil mensuração e padronização (Meyer Jr., 2005).

Aliás, em alguns casos, pode-se observar que o formato adotado de gerencialismo acabou por minar a qualidade educacional da escola. Isso ocorreu quando, em geral, tratou-se do excesso de burocracia, especificamente suas disfunções[3], que ocupam os gestores educacionais e "atrapalham" o processo pedagógico e gerencial. Tamanha burocracia foi atrelada pelos gestores às demandas de órgãos fiscalizadores municipais, estaduais e federais, relacionadas à administração de uma empresa (pública ou privada), com suas representações jurídicas e respectivas obrigações. Inevitavelmente, isto imprime, por si só, uma lógica empresarial de processos e organização, representando a dimensão racional da gestão, da qual as disfunções da burocracia são inerentes.

---

[3] Elevado apego às normas; excesso de formalização, rotinas e registros; resistências às mudanças; despersonalização dos relacionamentos (pessoas são "números"); diminuição da inovação; sinais de autoridade e dificuldades de relacionamentos com o público e categorizações das decisões.

Em contraponto, há um outro universo que compete à gestão, muito menos racional e formal, porém muito mais estratégico e relevante. Ele envolve a formação humana, de gestão mais complexa, intangível e despadronizada. Trata da gestão das aprendizagens e da essência da escola de educação básica, por meio de novos estudos voltados a movimentos sociais, educação inclusiva, tendências em formação humana, neurociência, novos campos profissionais, novas habilidades e até novas demandas que surgem no percurso da gestão educacional, nos quais os modelos empresariais gerencialistas e performativos são completamente limitados.

Dessa maneira, outro limite imposto pelo gerencialismo e pela performatividade foi a incapacidade de lidar com a gestão plural, que concilia dimensões gerencial e acadêmico-pedagógica. O gestor educacional revelava-se, na prática, equilibrando conhecimentos sobre ensino e aprendizagem e teorias administrativas para gestão. Ou seja, ao mesmo tempo que se dedicava às teorias educacionais, preocupava-se com outro capital específico voltado a resultados, métricas, desempenhos e liderança, além de teorias de gestão de pessoas e demais administrativas. Eram capitais que, aos poucos, eram incorporados pelos gestores, que, vagarosamente, sofriam uma espécie de violência simbólica, nos termos de Bourdieu (1983), já que, em determinados momentos, gestão e educação tornaram-se uma prática só. Ou seja, lógica acadêmica e de mercado, dimensão gerencial e acadêmico-pedagógica encontravam-se juntas na prática do gestor educacional, disputando por espaços e prioridades na agenda.

Inevitavelmente, tais limites do gerencialismo e da performatividade no campo educacional têm recaído sobre a gestão educacional. A lógica de mercado e a acadêmica parecem disputar por capitais linguísticos e culturais na pauta dos gestores. Estes, por sua vez, veem-se imersos em um campo diverso altamente profissionalizado e exigente, repleto de capitais acadêmicos e de mercado, avaliações, métricas gerenciais e performativas, tentando equilibrar recursos internos com demandas externas; mercado com academia.

Observando a realidade e a prática da gestão escolar, constataram-se também que as evidências apresentadas por Hoy e Miskel (2015) sobre as escolas — tais como interdependência de ações entre professores, famílias e alunos; presença forte da subjetividade, com imperiosa influência das convicções do líder; foco em ensino e aprendizagem; estrutura partilhada por competência profissional, altamente normativa e política; dinâmica própria e cultura interna particular — fizeram com que cada escola revelasse um modelo próprio de educação e constructos quanto a sala de aula, escola e sistema escolar, com visão de resultados distintos, o que implicava a dificuldade de mensuração e padronização.

De fato, a gestão educacional revelou-se um fenômeno altamente complexo, vivo e dinâmico, longe de um biologismo, não obstante as características serem comuns aos dois domínios (Lima, 2011) e se aplicarem igualmente às suas dinâmicas. Pelos relatos dos gestores, esses profissionais estão imersos em um sistema com pouca ou nenhuma previsibilidade, a não ser, evidentemente, a estrutura dos cursos, as matrizes curriculares, os alunos e os professores matriculados, bem como a organização do sistema. Contudo, as interações e ações desses agentes pareceram ser mais emergentes que planejadas, mais esporádicas que sequenciais.

Muito pertinente citar e relacionar a gestão educacional com o modelo de "anarquia organizada", em que as decisões são tomadas com base em uma *"garbage can"* (Cohen; March; Olsen, 1972); situação típica de sistemas frouxamente articulados (Weick, 1976). Como uma anarquia organizada, observou-se uma variedade imensa de prioridades, modelos de ensino, escolas, perfil de educador, definição de educação, concepção de sala de aula, de aprendizagem e tantas outras definições que fizeram da escola um "mundo" de diversidades e pluralidades a gerenciar. Na prática, a maioria dos gestores se deparou com fenômenos emergentes, como improviso, ideias, "insights" e manobras políticas, que não seguiram a lógica formal dos sistemas racionais.

Como *"garbage can"*, a escola tem sido resultado de um conjunto de decisões estratégicas baseadas, infelizmente, em modelos prontos com soluções importadas da área empresarial para problemas como a gestão dos conflitos, a qualidade no atendimento, a gestão de pessoas, a gestão financeira, a gestão de processos, o mapeamento da informação, os fluxos de trabalho, feedback, entre outros, sem muitos referenciais de sua eficácia.

Como ressalta Lima (2011), essas imagens da escola como sistema anárquico visam, sobretudo, ajudar a representar que as decisões da gestão educacional não seguem uma fase racional e ordenada, mas são consequências de vários fluxos relativamente independentes dentro da organização, com relações frouxas ou fracamente acopladas (Weick, 1976). Ou seja, ambiguidades, conflitos de interesse, imprevisibilidade e dificuldade de mensuração tornam esse sistema "frouxo" e distante de uma racionalidade previsível ou de um comportamento linear, pressupostos das maiorias dos modelos gerencialistas.

Na prática dos gestores, a performatividade foi percebida como uma tentativa de o gestor racionalizar sua ação e estabelecer um fim para o qual pudesse avaliar, medir e assim tomar decisões estratégicas para a escola, tentando melhorar resultados. Os dados evidenciaram que a performatividade acabou afetando todos os agentes da escola, gerando alta responsabilização, como aponta Ball (2005). Em nome de uma qualidade que parte dos referenciais estratégicos de organismos internacionais como Banco Mundial (BM), Programa das Nações Unidas para o Desenvolvimento (Pnud) e Organização para Cooperação e Desenvolvimento Econômico (OCDE), aumentaram-se as cobranças, os relatórios de níveis de ensino e aprendizagem, as avaliações em larga escala, os monitoramentos sucessivos de indicadores-chave, a busca por eficiência e outros resultados que inevitavelmente acabaram colocando os demais agentes da escola como corresponsáveis pelos dados, inserindo neste momento uma lógica performativa.

Vale a ressalva, contudo, de que tais dados não significam que antes desses achados o foco educacional não estava sobre a qualidade, mas, pelos relatos, ultimamente este tem sido o parâmetro central. A qualidade, neste caso, está relacionada a produtividade, rendimento e performance em educação. A escola performativa, neste caso, parte de uma qualidade em educação que é "numerável, mensurável, auditável" (Bello; Traversini, 2009), com "metas claras, compreensíveis, realizáveis, mas desafiadoras, medidas e monitoradas a partir da coleta sistemática de dados e da análise de séries históricas" (Johannpeter, 2008, p. 7), com esta clara relação: o resultado da escola seria resultado da soma das performances de todos os seus agentes e, por lógica, a do sistema, resultado da soma da qualidade de todas as suas instituições.

Ficaram claros aspectos performativos e gerencialistas atrelados à gestão educacional pública e privada, com ou sem fins lucrativos. Em todos os entrevistados, pode-se observar que a maior preocupação dos gestores é pelo dado numérico, mensurável e ranqueado. Por mais que os entrevistados se abstenham desta questão ao serem questionados, a prática confirma foco em resultados e performance dos estudantes.

Quando questionados sobre a avaliação em larga escala, os relatos são delicados, pois apontam como positiva a avaliação, desde que longe dos ranqueamentos. A posição é da avaliação pela ótica da melhoria das capacidades e das possibilidades institucionais, mas não da competição entre instituições pelas métricas. Sobre a limitação das avaliações em larga escala, boa parte das justificativas apontadas pelos gestores remeteu à complexidade das escolas; à ambiguidade e à diversidade de seus objetivos; e à subjetividade de conceitos como formação humana e cidadã, dimensões altamente multidimensionais para serem contempladas ou medidas pela lógica racional e objetiva da avaliação em larga escala.

Constatou-se que poucas e limitadas foram as contribuições das avaliações de larga escala para a gestão das escolas, além da geração de dados estatísticos sobre cada unidade escolar. Segundo os entrevistados, na ideia de formar crianças com "habilidades globais", são necessárias outras avaliações, além da tradicional prova de conhecimentos em escala nacional, dada a particularidade de cada unidade, comunidade e ensino.

Realizando uma reflexão mais profunda sobre os dados apresentados, pode-se auferir que boa parte dos limites gerencialistas e performativos relatados pelos gestores, bem como a tendência de administrar a escola como uma empresa, advém de três fatores previamente identificados nesta pesquisa:

1. <u>A herança histórica da administração gerencial</u>, que foi dominante a partir da década de 1990, com a reforma do aparelho do Estado (Bresser-Pereira, 2004). Nesse contexto, o gerencialismo e a performatividade eram as justificativas para vencer a crise de governabilidade, saindo da cultura burocrática para gerencial (Paula, 2005). Esse fato acabou abarcando o campo educacional, incutindo nas escolas muito capital econômico (dados, relatórios financeiros, métricas de evasão e situação da educação no país); social, cultural e simbólico (pela influência dos grupos dominantes, de seus valores, concepções e previsões); inserindo nesse campo modelos advindos da realidade gerencial, com métricas e padrões de mensurabilidade, lógica da eficiência e gestão da produção e recursos humanos, associando desde essa época o conhecimento à mercadoria com máximas que se perpetuaram ao longo do tempo, como a eficiência, a supervisão, a técnica e a racionalidade financeira e administrativa;

2. <u>A existência inevitável, especialmente no caso das privadas com ou sem fins lucrativos, de uma instituição mantenedora</u> que tem obrigações junto ao Estado relacionadas a prestação de contas,

pagamentos de impostos, transparência, relação com colaboradores, estando sujeitas, portanto, a todas as regras de funcionamento e organização das empresas prestadoras de serviço do Brasil e as burocracias relacionadas a cada tipo de organização;

3. A inexistência de um corpo teórico consistente sobre administração educacional, que contemple a complexidade das organizações educacionais, das que vêm sendo levantadas em sua maioria na literatura internacional por autores como Baldridge (1983), Cohen, March e Olsen (1972), e Weick (1976); e possibilite o trabalho da gestão de maneira contributiva sem prejuízo da missão institucional das escolas, reconhecendo sua limitação em aspectos de mensuração e padronização.

Os relatos acerca do gerencialismo e da performatividade reforçam a posição de Juliatto (2013, p. 10), quando cita que as particularidades da escola a fazem uma organização *sui generis*, o que a difere claramente das empresas. Contudo, segundo esse autor, isso não significa que a gestão educacional precise abrir mão da "eficácia, da seriedade e do alto desempenho em gestão", ou seja, é mister ter adaptações para um equilíbrio entre lógica gerencial e acadêmica, ambas necessárias para o sucesso escolar.

Considerações finais

Escolas não estão imunes a um ambiente altamente complexo, dinâmico e global. Inseridas nesse contexto organizacional, precisam, independentemente de sua natureza, colocar sua missão educacional a serviço da sociedade, com relevância social. Para serem pertinentes, precisam se relacionar com o ambiente, entendendo suas necessidades e tornando-se sensíveis às novas demandas de formação humana. Ou seja, não podem abrir mão dos princípios de uma gestão educacional eficaz (Juliatto, 2013).

Contudo, não é só isso. Este capítulo demonstrou que a escola tem sido minada pela influência modelos gerenciais e performativos, na ânsia de entregar performances e resultados mensuráveis. Isso não é recente, e tem ocorrido, especialmente, desde os anos 1980, quando foi mais acentuada a intervenção de organismos internacionais na gestão das políticas públicas, com importantes influências do Banco Mundial, de concepção liberal e mercadológica.

O problema é que o excesso de gerencialismo e performatividade tem limitado a capacidade de gestão educacional. Os modelos empresariais foram feitos para uma realidade dinâmica, porém mais previsível, racional e planejada que as organizações educacionais. Escolas são organizações e instituições (Chaui, 2003; Juliatto, 2013), complexas por excelência, *sui generis*, dados seu poder difuso, seus interesses ambíguos, seus processos de trabalho baseados no conhecimento e seu "produto", altamente individualizado, de difícil mensuração e padronização.

Dessa forma, os modelos de gestão baseados no gerencialismo e na performatividade são ineficazes ou incompletos diante da imensa tarefa de gerir os resultados de uma escola. Esses modelos, infelizmente, tendem a focar o desempenho organizacional e a "última linha" do balanço financeiro. No fundo, indicadores de desempenho falhos, que, por dificuldade de mensuração, ambiguidade da missão, centros de poder diluídos na cúpula e nos profissionais da escola, dificuldades de padronização e controle dos agentes em campo, demandaram adaptações aos modelos, à gestão e, consequentemente, às práticas, tornando-a mais acadêmica. Afinal, qual é a eficácia da escola? Quão eficiente é em seus processos? Qual a qualidade do ensino? Quanto se aprende realmente? Qual o verdadeiro impacto social de cada instituição? Perguntas a que, mais ou menos gerenciais ou performativas, nenhum gestor conseguiu responder por completo ou objetivamente.

Gerencialismo e performatividade limitam a gestão educacional em três dimensões: são incapazes de contemplar a complexidade institucional, marcada pelas infinitas expectativas de seus alunos, de seus professores e da sociedade; segundo, o "produto" que manipulam é de natureza essencialmente qualitativa e dinâmica, além do que, mormente, trata-se de experiências e saberes que dificilmente conseguirão ser medidos, pois envolvem formação humana; e, por fim, a natureza do trabalho acadêmico e escolar não comporta uniformidade e padronização de procedimentos, considerando as individualidades envolvidas no processo de ensino-aprendizagem e no processo de produção do conhecimento.

De fato, as escolas estão longe das organizações-"máquinas" e dos modelos gerenciais e performativos. Comprovadamente pelos relatos, os maiores resultados foram oriundos de práticas de gestão que validaram as estratégias emergentes; reconheceram os projetos transformadores do ensino e aprendizagem; privilegiaram a cooperação; a formação de caráter, a cidadania e as habilidades globais; e que tinham impacto e relevância social.

Essas práticas estratégicas ressaltaram nitidamente a função da escola em sua essência: ser protagonista da promoção do desenvolvimento humano e social.

Referências

ANTUNES, F. et al. Políticas educacionais: gerencialismo e democratização da educação em Portugal (2007-2017). **Revista Brasileira de Educação**, [s. l.], v. 26, p. 1-26, e260034, 2021.

ARROYO, M. G. Administração da educação, poder e participação. **Educ. Soc.**, [s. l.], v. 1, n. 2, p. 36-46, jan. 1979.

BALDRIDGE, J. V. Organizational characteristics of colleges and universities. In: BALDRIDGE, J. V.; DEAL, T. **The dynamics of organizational change in educations**. California: McCutchan Publishing Corporation, 1983. p. 167-185.

BALL, S. Diretrizes políticas globais e relações políticas locais em educação. **Currículo sem Fronteiras**, [s. l.], v. 1, n. 2, p. 99-116, jul./dez. 2001.

BALL, S. **Educação global S.A.**: novas redes políticas e o imaginário neoliberal. Tradução de Janete Bridon. Ponta Grossa: UEPG, 2014.

BALL, S. Profissionalismo, gerencialismo e performatividade. **Cad. Pesqui.**, [s. l.], v. 35, n. 126, p. 539-564, 2005.

BARDIN, L. **Análise de conteúdo**. Lisboa: Edições 70, 2011.

BELLO, S. E. L.; TRAVERSINI, C. O numerável, o mensurável e o auditável: estatística como tecnologia para governar. **Educação & Realidade**, [s. l.], v. 34, n. 2, p. 135-152, maio/ago. 2009.

BOURDIEU, P. **Questões de sociologia**. Rio de Janeiro: Marco Zero, 1983.

BRESSER-PEREIRA, Luiz Carlos. **Reforma do Estado para a cidadania**. São Paulo: Editora 34, 1998.

BRESSER-PEREIRA, L. C. **Democracy and public policy management reform**. Cambridge: Cambridge University Press, 2004.

CATANI, A. M. et al. (org.). **Vocabulário Bourdieu**. Belo Horizonte: Autêntica, 2017.

CHAUI, M. A. Universidade pública sob nova perspectiva. **Revista Brasileira de Educação**, [s. l.], n. 24, p. 5-15, set./dez. 2003.

CLEGG, S. R.; HARDY, C. **Handbook de estudos organizacionais**: modelos de análise e novas questões em estudos organizacionais. 3. ed. São Paulo: Atlas, 2006.

COHEN, M. D.; MARCH, J. G.; OLSEN, J. P. A garbage can model of organizational choice. **Administrative Science Quarterly**, [s. l.], v. 17, n. 1, p. 1-25, 1972.

DRABACH, N. P.; SOUZA. A. R. Leituras sobre a gestão democrática e o "gerencialismo" na/da educação no Brasil. **Revista Pedagógica**, Chapecó, v. 16, n. 33, p. 221-248, jul./dez. 2014.

ESQUINSANI, R. S. S. Performatividade e educação: a política das avaliações em larga escala e apropriação da mídia. **Práxis Educativa**, Ponta Grossa, v. 5, n. 2, p. 131-137, jul./dez. 2010.

ETZIONI, A. **Organizações modernas**. 2. ed. Tradução de Míriam L. Moreira Leite. São Paulo: Pioneira, 1972.

FÉLIX, M. F. C. **Administração escolar**: um problema educativo ou empresarial? Análise da proposta do Estado capitalista brasileiro para a burocratização do sistema escolar. São Paulo: Cortez; Autores Associados, 1984.

HOY, W. K.; MISKEL, C. G. **Administração educacional**: teoria, pesquisa e prática. 9. ed. Porto Alegre: AMGH, 2015.

JOHANNPETER, J. G. Apresentação. *In*: TODOS PELA EDUCAÇÃO (TPE). **De olho nas metas**. São Paulo: Todos Pela Educação, 2008. p. 7-8.

JULIATTO, C. I. Seria a universidade uma empresa como as demais? **Universidade em Debate**, [s. l.], v. 1, n. 1, p. 12-21, jul./dez. 2013.

KRAWCZYK, N. A construção social das políticas educacionais no Brasil e na América Latina. *In*: KRAWCZYK, N.; CAMPOS, M. M.; HADDAD, S. **O cenário educacional latino-americano no limiar do século XXI**: reformas em debate. Campinas: Autores Associados, 2000. p. 2-12.

LIMA, L. **A escola como organização educativa**: uma abordagem sociológica. 4. ed. São Paulo: Cortez, 2011.

LYOTARD, J. F. **The postmodern condition**: a report on knowledge. Manchester: Manchester United Press, 1984. v. 10.

MAIA, G. Z. A. As publicações da Anpae e a trajetória do conhecimento em administração da educação no Brasil. **RBPAE**, [s. l.], v. 24, n. 1, p. 31-50, jan./abr. 2008.

MEYER JR., V. Planejamento universitário: ato racional, político ou simbólico. Um estudo de universidades brasileiras. **Revista Alcance**, [s. l.], v. 12, n. 3, p. 373-389, set./dez. 2005.

MINTZBERG, H. A note on that dirty word "efficiency". *In*: MINTZBERG, H. **On management**: inside our strange world of organizations. New York: Free Press, 1989. p. 330-334.

MINTZBERG, H. **The fall and rise of strategic planning**. Englewood Cliffs, NJ: Prentice Hall, 1994.

PARO, V. H. **Administração escolar**: introdução crítica. São Paulo: Cortez, 1988.

PAULA, A. P. P. Administração pública brasileira: entre o gerencialismo e a gestão social. **Rev. Adm. Empres.**, [s. l.], v. 45, n. 1, p. 36-49, 2005.

ROSAR, M. F. F. A dialética entre a concepção e a prática da gestão democrática no âmbito da educação básica no Brasil. **Educ. Soc.**, [s. l.], v. 20, n. 69, p. 165-176, 1999.

SCHERER, S. S. **A performatividade e o trabalho docente na escola pública**: concepções e alguns de seus efeitos. 2020. Tese (Doutorado em Educação) – Universidade de Pelotas, Pelotas, 2020.

SOUSA, C. P.; FERREIRA, S. L. Avaliação de larga escala e da aprendizagem na escola: um diálogo necessário. **Psicologia da Educação**, São Paulo, v. 48, p. 13-23, 1. sem. 2019.

SOUZA, A. R. **Perfil da gestão escolar no Brasil**. 2007. Tese (Doutorado em Educação) – Pontifícia Universidade Católica de São Paulo, São Paulo, 2007.

SOUZA, S. Z. L. Avaliação e gestão da educação básica no Brasil: da competição aos incentivos. *In*: DOURADO, L. F. **Políticas e gestão da educação no Brasil**: novos marcos regulatórios. São Paulo: Xamã, 2009. p. 31-45.

WEICK, K. E. Educational organization as loosely coupled systems. **Administrative Science Quarterly**, [s. l.], v. 21, n. 1, p. 1-19, Mar. 1976.

4

RECENTES POLÍTICAS EDUCACIONAIS NO BRASIL: A PRIORIDADE NOS RESULTADOS DE APRENDIZAGEM EM MEIO A DISPUTAS E TENSÕES

Carlos Eduardo Sanches

Introdução

Recentemente, um conjunto de iniciativas em duas áreas provocou mudanças na estrutura e organização da educação básica pública brasileira. Entre elas, o Brasil viu surgir um conjunto de Bases Nacionais — alicerçadas em um rol de competências — que padronizaram uma referência nacional para os currículos (Brasil, 2017, 2018a), estabeleceram uma nova estrutura para formação de professores (Brasil, 2019) e definiram a atuação dos diretores de escolas (Brasil, 2021).

Não obstante, a estrutura de financiamento público da educação básica foi alterada por meio da Emenda Constitucional (EC) 108/2020 (Brasil, 2020a) e tornou o Fundo de Manutenção e Desenvolvimento da Educação Básica e de Valorização dos Profissionais da Educação (Fundeb) permanente, criando ainda a regra sobre como os governos estaduais devem destinar parte da sua receita com o Imposto sobre Circulação de Mercadorias e Serviços (ICMS) para as prefeituras. Tanto no Fundeb quanto no ICMS, a combinação de melhoria da aprendizagem com a redução das desigualdades educacionais ganha destaque, porque passa a definição à arrecadação da área da educação e dos próprios municípios.

Essas iniciativas surgiram em meio a mudanças no governo federal — e consequentemente no Ministério da Educação (MEC) — e desencadearam uma sequência de políticas educacionais, embora não constituam uma reforma educacional planejada pelo Estado brasileiro. É evidente que o conjunto dessas iniciativas tem provocado posicionamentos favoráveis e contrários, porque elas delimitam os objetivos das políticas educacionais.

O conceito de política aqui empregado está relacionado à ação do Estado na implementação do seu projeto por meio de iniciativas que delimitam o padrão de proteção social que se pretende alcançar (Höfling, 2001). Esta é, na verdade, uma discussão em torno de concepções sobre Estado e políticas públicas que, embora ocorram em momentos distintos, objetivam alcançar a elevação dos resultados de aprendizagem dos estudantes. Dessa forma, este estudo propõe uma análise sobre questões além da observação dos sofisticados mecanismos e instrumentos de avaliação de políticas (Höfling, 2001). E, por isso, pretende observar a repercussão do inédito uso dos resultados de aprendizagem dos estudantes na política de financiamento da educação. Por meio de um estudo bibliográfico e documental, este trabalho aporta suas análises nos estudos de Farenzena (2021, 2022), Höfling (2001), Libâneo (2016), Oliveira (2018), Souza (2021), e outros.

Breve retrato da estrutura da educação básica no Brasil

Antes de analisar algumas das recentes políticas educacionais no país, é oportuno contextualizar a realidade da educação básica pública. Dados do Censo Escolar da Educação Básica de 2022 (Inep, 2024) demonstram que o país conta com um universo de 47,3 milhões de estudantes (aproximadamente 37,9 milhões em redes públicas e 9,4 milhões em instituições privadas) matriculados, em um conjunto de 136.921 escolas públicas e 41.555 instituições privadas, onde atuam 2,4 milhões de professores. Na educação infantil, são 9,4 milhões de estudantes (4,1 milhões em creche e 5,3 milhões em pré-escola), enquanto no Ensino Fundamental (EF) o país conta com 26,1 milhões de matrículas (14,4 milhões nos anos iniciais e 11,7 milhões nos anos finais), seguido de 7,7 milhões no Ensino Médio (EM), outros 2,4 milhões na educação profissional. Dentro da educação básica, ainda existem 2,6 milhões na educação de jovens e adultos e 1,8 milhão na educação especial.

Essa volumosa estrutura está organizada em sistemas de ensino (federal, estaduais e municipais) conforme uma regra definida pelo Art. 211 da Constituição federal (Brasil, 1988). Regra essa que impõe maior responsabilidade aos estados (29,9% das matrículas de educação básica) e municípios (49,4% de todos os estudantes), porque eles são responsáveis pela oferta da educação infantil, do ensino fundamental e do ensino médio, bem como de suas modalidades. Enquanto isso, a União fica responsável somente pelas instituições federais, que representam 0,8% do total de estudantes. Para registro, instituições privadas atualmente respondem por 19,9% dos estudantes da educação básica brasileira (Inep, 2024).

Quando analisadas as informações relativas aos professores, o Brasil conta atualmente com 1.957.052 docentes atuando nas redes públicas e outros 566.858 em instituições privadas. No recorte sobre as redes públicas, impressiona o fato de que o governo federal é responsável atualmente por apenas 1,6% (37.857) do total de professores que atuam na educação básica. Entretanto, os governos estaduais mantêm 668.470 (28,4%) docentes; e os municípios, um volume ainda maior, alcançando 1.250.795 (53,1%). Importante registrar que existem professores com dois vínculos, atuando, portanto, em mais de uma rede de ensino.

Ao observar a situação funcional[4] dos professores que atuam nas redes públicas de ensino, o Censo Escolar identifica que 60,5% (1.125.928) têm vínculo permanente — isto é, são efetivos ou estáveis. Destes, 73,1% atuam nos municípios, 28,5% nos governos estaduais e somente 2,9% professores trabalham na rede federal de ensino. Os outros 833.023 (44,8%) docentes têm vínculo precário, porque sua relação com as redes de ensino ocorre por meio de contrato temporário, terceirizado ou conforme Consolidação das Leis do Trabalho (CLT). Relevante destacar que, entre os professores com vínculo precário, 0,7% atuam na rede federal, 44,3% nos estados e 57,3% nos municípios. Embora a Meta 15 do Plano Nacional de Educação (PNE) — Lei Federal 13.005/2014 (Brasil, 2014) — estabeleça que todos os professores devem ter formação em nível superior na área em que atuam, atualmente o Brasil conta com 4.877 professores ainda com nível fundamental e outros 297.165 com nível médio (Inep, 2024). Dos 2.052.152 docentes com nível superior, 1.043.816 (50,9%) cursaram pós-graduação lato sensu; 89.397 (4,4%) concluíram mestrado; e outros 25.079 (1,2%), doutorado. Destaque para o fato que 63.596 (3,1%) professores com formação em nível superior ainda não possuem licenciatura.

Essa dimensão da educação básica pública no Brasil está submetida, a partir de agora, a uma complexa lógica que atrela resultados dos estudantes à capacidade de arrecadação da área da educação e até mesmo das prefeituras. Mas também está condicionada a um conjunto de normas que

---

[4] Professores podem ter mais de um vínculo de trabalho.

definem currículo, formação de professores e atuação do diretor de escola, temas que analisaremos a seguir.

As Bases Nacionais

Com a chegada de Michel Temer à Presidência da República, houve uma ampla mudança na equipe e nas diretrizes que estiveram, desde o início dos anos 2000, presentes no Ministério da Educação. Entre outras iniciativas, o esforço do MEC esteve em torno da aprovação de bases nacionais para currículo, formação de professores e atuação do diretor de escola.

A primeira delas instituiu a Base Nacional Comum Curricular (BNCC), inicialmente com a Resolução 2/2017 (Brasil, 2017), que estabeleceu um referencial nacional para definir a estrutura curricular para a educação infantil e o ensino fundamental; e, depois, com a Resolução 4/2018 (Brasil, 2018b), com a norma para o ensino médio. O então ministro da Educação, Rossieli Silva, considerou a BNCC como uma estratégia para garantir "aprendizagem de qualidade" (Silva, 2018, p. 5) para os estudantes da educação básica. Aliás, esse foi o ponto central utilizado pelo MEC e que amparou a análise e aprovação da proposta no Conselho Nacional de Educação (CNE).

Por outro lado, a BNCC recebeu críticas de educadores e pesquisadores em virtude da pretensão de estabelecer "um currículo único para estudantes de todo o país" (Oliveira, 2018, p. 56). A oposição à BNCC também surgiu como contraponto à articulação de outras ações orientadas pelo Ministério da Educação e implementadas pelas redes de ensino, como as avaliações em larga escala, além de iniciativas como premiação e bonificação de escolas e professores.

> Refém de um conteudismo tão ultrapassado quanto a estrutura disciplinarista que o organiza, a BNCC pressupõe, equivocadamente, que a melhoria da qualidade das aprendizagens seria produzida por meio de um currículo único para estudantes de todo o país, controlado de fora da escola por avaliações de larga escala e material didático padronizado, além de um sistema de prêmios e castigos destinado ao controle de docentes, gestores e estudantes. (Oliveira, 2018, p. 56).

Depois da BNCC, o MEC articulou junto ao CNE a aprovação da Base Nacional de Formação Docente, instituída pela Resolução 2/2019 (Brasil, 2019). Essa norma sucedeu e substituiu a Resolução 2/2015 (Brasil, 2015), que havia sido aprovada como uma demanda do PNE para integrar a formação de professores com outras políticas educacionais e a gestão da educação básica; mas em articulação com o ensino superior e a pós-graduação.

Com a norma aprovada em 2019, a formação de professores para a educação básica passou a considerar um conjunto de competências gerais e um leque de competências específicas para serem assumidas pelos professores. A decisão do CNE solidifica um estreito alinhamento entre formação docente e currículo escolar, chegando até mesmo à formação continuada. Esse contexto evidencia uma forte mudança de rumo na orientação vigente na educação brasileira desde o início dos anos 2000 e que só foi possível com alterações na composição do CNE efetuadas a partir do governo Michel Temer. Contudo, para atender a solicitação de instituições públicas e privadas, o Conselho Nacional de Educação prorrogou o prazo para a implementação da Base de Formação Docente. A Resolução 2/2022 (Brasil, 2022a) em dois anos.

A sequência de bases nacionais chegou à gestão das escolas com a aprovação pelo CNE do Parecer 4/2021 (Brasil, 2021) — que aguarda homologação pelo MEC. Ancorada em um conjunto de 10 competências gerais e outras 17 específicas, a BNC-Diretor Escolar define como deve ser organizado o trabalho à frente da gestão escolar, bem como "os processos de recrutamento, seleção, provimento, nomeação, acompanhamento e avaliação de desempenho" (Brasil, 2021, p. 24) dos diretores.

Cabe ressaltar que, diferentemente de como aprofundou a discussão das competências, a recomendação do CNE para a escolha dos diretores de escola restringiu-se à análise da autonomia dos prefeitos e governadores[5] (Brasil, 2021). "Não cabe disciplinar por norma nacional esta questão, assim como a do acompanhamento e avaliação, que são da esfera de autonomia dos entes federados" (Brasil, 2021, p. 8). Pelo contrário, a norma desconsiderou as previsões contidas na Meta 19 do PNE[6] e na Lei 14.133/2020 (Brasil, 2020b) — que regulamentou o Fundeb — e estabeleceu uma matriz voltada aos gestores públicos para "subsidiá-los concretamente e de modo eficaz" (Brasil, 2021, p. 8) na escolha e no monitoramento dos diretores de escola.

Dourado e Oliveira (2009, p. 211) lembram que, "em processos marcados por uma maior participação de professores, alunos, pais e funcionários, ocorre progressivo fortalecimento da autonomia e da democratização da

---

[5] O Supremo Tribunal Federal decidiu, na Ação Direta de Inconstitucionalidade 2.997, que é prerrogativa do chefe do Poder Executivo o ato de nomeação e exoneração dos diretores de escola.

[6] Ao estabelecer regras sobre a gestão democrática na educação pública, a Meta 19 do PNE definiu o processo de escolha dos diretores de escola com a participação da comunidade escolar.

escola". Mas é preciso destacar que a Lei Federal 14.113/2020 (Brasil, 2020b) determinou que a definição do diretor de escola tem que ocorrer por meio da escolha democrática — com a participação da comunidade escolar — ou por meio de seleção. Porém, em ambos, o processo deve considerar critérios de mérito e desempenho.

O conceito de competências nas Bases Nacionais aprovadas pelo CNE foi determinado pelo Ministério da Educação para estabelecer uma padronização e tomou como fundamento os estudos do sociólogo suíço Philippe Perrenoud. Para este, as competências devem ser assumidas por educadores como uma "capacidade de mobilizar diversos recursos cognitivos para enfrentar um tipo de situação". Além disso, Perrenoud defende que os educadores devem atuar com "uma postura e em uma prática reflexivas que sejam a base de uma análise metódica, regular e instrumentalizada, serena e causadora de efeitos; essa disposição e essa competência, muitas vezes, só podem ser adquiridas por meio de um treinamento intensivo e deliberado" (Perrenoud, 2000, p. 47, 15).

Ao contrário disto, no meio acadêmico, a crítica foi fundamentada no fato de que a BNC-Diretor Escolar também está inserida em um cenário em que o que realmente importa é a busca de resultados em "níveis desejáveis de aquisição de conhecimentos [...] no sentido de formar sujeitos produtivos visando a empregabilidade imediata" (Libâneo, 2016, p. 47-48).

Entretanto, as normas exaradas pelo Conselho Nacional de Educação são apenas parte desse processo de mudanças na educação. Uma transformação ainda mais impactante foi aprovada no governo Jair Bolsonaro e continua sendo implementada no governo Luiz Inácio Lula da Silva, com novos mecanismos que definem a receita do Fundeb para a educação e do ICMS para as prefeituras com base na combinação de melhoria da aprendizagem com redução das desigualdades educacionais.

Aprendizagem e impacto nas receitas da educação e das prefeituras

A Emenda Constitucional 108/2020 (Brasil, 2020a) efetivou mudanças na sistemática de financiamento da educação básica pública no Brasil ao tornar o Fundeb permanente e ao determinar que os estados devem considerar indicadores educacionais em suas regras para repartir o ICMS com as prefeituras. Essas mudanças ainda atrelaram, de forma inédita, parte da receita do Fundeb e do ICMS a ser destinada aos municípios, para melhoria da aprendizagem dos estudantes combinada com a redução das desigualdades educacionais.

Com o Fundeb permanente, cresceu a participação da União de 10% para 23% em comparação ao volume destinado por estados e municípios, e surgiram novas formas de acessar esse novo recurso. Enquanto isso, aos estados foi concedido o prazo de dois anos para alterar as regras de distribuição do ICMS inserindo indicadores educacionais.

Estes são alguns dos pontos que a EC 108 trouxe à realidade do financiamento da educação brasileira pública. Mas importa a este estudo observar as mudanças que foram impostas às redes de ensino, e, para tanto, propõe-se um olhar mais atento sobre as novas regras do Fundeb.

Fundeb permanente com mais recursos e novas regras

Com a mudança para o Fundeb permanente e o crescimento da complementação da União ao patamar de 23%, surgiram outras formas de o governo federal destinar recursos para os entes federados com o objetivo de "aproximar ainda mais a capacidade de gastos" das redes de ensino. Se antes a complementação da União ocorria somente para os Fundos Contábeis Estaduais que não alcançam o valor mínimo nacional, agora há possibilidades diferentes, "o que permitirá transferir recursos federais também aos municípios mais vulneráveis de qualquer estado do Brasil" (Farenzena, 2022, p. 24, 76).

Mesmo criando um sistema híbrido (Farenzena, 2022) de destinação da complementação da União, o Fundeb permanente manteve o aporte de 10% aos Fundos Contábeis Estaduais que não alcançam o valor mínimo nacional do Fundeb todos os anos. Para o ano de 2023, a estimativa dos Ministérios da Educação e da Economia é de que estados e municípios destinem em torno de R$ 225 bilhões para os Fundos Contábeis Estaduais. Dessa forma, a União deverá realizar uma complementação de aproximadamente R$ 22,5 bilhões para os fundos que não alcancem o valor mínimo nacional do Fundeb em 2023 — estimado em R$ 5.208,46 (Brasil, 2022b).

Outros 10,5% serão destinados individualmente para aqueles entes federados com menor capacidade de arrecadação própria por meio do Valor Aluno Ano Total (VAAT). Nesse tipo de destinação dos recursos da União, são consideradas todas as receitas da área da educação, e, se na rede de ensino o valor per capita continua abaixo de um parâmetro nacional, está criada a condição para receber esse tipo de complementação da União ao Fundeb. Ponto importante nessa alternativa é a obrigatoriedade do correto registro de informações e dados contábeis, orçamentários e fiscais de exercícios anteriores para se habilitar ao recebimento desse recurso. Como resultado, em 2023 a estimativa prevê que 2.036 redes de ensino serão contempladas com um valor aproximado de R$ 14 bilhões (Brasil, 2022b), com a complementação da União por meio do VAAT.

E, finalmente, a terceira possibilidade de acessar recursos da União está disponível às redes de ensino por meio da complementação do VAAR condicionado a resultados. A Lei Federal 14.113/2020 (Brasil, 2020b) criou um rol de condições para habilitar os entes federados, a saber: a) legislação definindo o processo de seleção ou escolha democrática dos diretores de escola baseada em critérios de mérito e desempenho; b) participação de, pelo menos, 80% dos estudantes nas avaliações do Saeb, realizadas pelo Instituto Nacional de Estudos e Pesquisas Educacionais Anísio Teixeira (Inep); c) redução das desigualdades educacionais sob os aspectos socioeconômicas e raciais; d) regime de colaboração entre o governo estadual e as prefeituras, formalizado em uma lei estadual disciplinando os critérios de distribuição da cota-parte do ICMS aos municípios; e) referencial curricular da rede de ensino alinhado à Base Nacional Comum Curricular.

Além de definir as condições, a lei que regulamentou o Fundeb também estabeleceu critérios que devem ser contemplados na metodologia para a distribuição dos recursos da complementação VAAR. O primeiro é a observação do nível e o avanço dos estudantes nas avaliações realizadas pelo Inep — com maior peso para o avanço. Ainda, as taxas de aprovação no ensino fundamental e médio; e, por fim, o atendimento dos estudantes na educação básica. Porém, em relação aos resultados alcançados no Saeb, a lei especificou que deve ser considerada a proporção de estudantes nos níveis de aprendizagem abaixo do esperado e "as desigualdades de resultados nos diferentes grupos de nível socioeconômico e de raça e dos estudantes com deficiência em cada rede pública" (Brasil, 2020b, p. 7).

Ponto polêmico no Fundeb permanente (Farenzena, 2021, 2022; Souza, 2021), a complementação da União pelo VAAR teve início em 2023 com a estimativa de contemplar 1.908 redes municipais e 14 estaduais e destinando um total de R$ 1,6 bi. Quando integralizada, em 2026, esse tipo de complementação aportará todos os anos 2,5%, dos 23% que a União deverá destinar ao Fundeb. Para Souza, essa sistemática pode gerar efeitos distintos, em virtude da capacidade de investimento de cada rede de ensino, que afeta diretamente suas condições de oferta da educação básica, porque "lançou mão de uma lógica redistributiva" (Souza, 2021, p. 4), para basear a destinação em critérios relacionados à aprendizagem. Para ele, as redes de ensino que já têm maior capacidade de arrecadação na área da educação poderão melhorar seus resultados de maneira mais ágil e fácil.

> É importante considerar que redes públicas da educação básica com significativo número de estudantes com pais analfabetos, com escolas sem infraestrutura adequada, com docentes recebendo remuneração pífia, entre outros limitadores, provavelmente não conseguirão aumentar seus índices. (Souza, 2021, p. 4).

A regra do VAAR entrou em vigor no ano de 2023, considerando a variação nos resultados médios dos estudantes em leitura e matemática apurados nas edições do Saeb nos anos de 2017 e 2019. Esse aspecto também tem motivado reações contrárias ao mecanismo do VAAR, uma vez que há uma ausência na observação em outros critérios e até mesmo contextos presentes na realidade das escolas públicas para definir a receita da educação.

> Embora haja sistemas que foram aperfeiçoados na busca de contextualização dos resultados, as notas/conceitos das provas continuam tendo centralidade, e avalio que são parâmetro insuficiente de avaliação de políticas, tanto pelas limitações do que é avaliado quanto pela articulação, ainda precária, de resultados de avaliações de desempenho com avaliações institucionais e análise de contextos. Deste modo, é injusto atrelar financiamento à avaliação. (Farenzena, 2021, p. 22-23).

Por outro lado, os resultados alcançados pelos estudantes nas avaliações em larga escala passam a afetar diretamente a arrecadação dos municípios com o ICMS e, indiretamente, a educação. E aqui aparece o outro efeito na nova política de financiamento da educação pública, que trataremos no tópico a seguir.

ICMS condicionado à aprendizagem dos estudantes

De início, é preciso destacar que o Imposto sobre Circulação de Mercadorias e Serviços é de competência exclusiva dos governos estaduais. Entretanto, o Art. 158 da Constituição (Brasil, 1998) estabelece que uma parcela dessa arrecadação — o equivalente a 25% do total — deve ser repartida com os municípios na área geográfica do respectivo estado. Os governos estaduais tiveram dois anos para aprovar alterações, em suas respectivas legislações, inserindo dois novos indicadores: melhoria da aprendizagem combinada com equidade. Apenas Minas Gerais não providenciou a mudança — fato que, aliás, impossibilitou em 2023 que suas redes de ensino recebessem complementação da União por meio do VAAR.

Com a EC 108, as leis estaduais têm que contemplar duas condições para a repartição do ICMS: a) pelo menos 65% atrelados ao valor adicionado na receita total, isto é, a capacidade econômica local que contribuiu para gerar o imposto total; b) no máximo, 35% conforme condições definidas na legislação estadual que mantenham equilíbrio de condições entre os municípios. Porém, nessa segunda condição, a Constituição federal agora especifica que sejam reservados, ao menos, 10% para considerar "indicadores de melhoria nos resultados de aprendizagem e de aumento da equidade, considerado o nível socioeconômico dos educandos" (Brasil, 2020a, p. 1).

Respeitadas as duas condições, cada estado teve a autonomia para criar suas regras de repartição do ICMS. Ainda que não seja objeto deste estudo a análise das legislações estaduais desse imposto, pode-se estimar que não haverá uma uniformidade nos critérios escolhidos. Se considerarmos, por exemplo, a região Sul do país — com menor quantidade de estados — há uma importante variação na estrutura das legislações de repartição do ICMS que foram aprovadas, como pode ser observado no quadro a seguir.

Quadro 1 - Critérios de distribuição da cota-parte do ICMS nos estados de Paraná, Santa Catariana e Rio Grande do Sul

Paraná	Santa Catarina	Rio Grande do Sul
Lei Complementar 249/2022 (Paraná, 2022)	Lei Estadual 18.489/2022 (Santa Catarina, 2022)	Lei Estadual 15.766/2021 (Rio Grande do Sul, 2021)
• 65% - valor adicionado • 35% - conforme critérios: • 8% - produção agropecuária • 6% - habitantes da zona rural • 2% - número de propriedades rurais • 2% - área territorial do município • 5% - unidades de conservação ambiental no município • 2% - divisão igual entre todos • 10% - melhoria nos resultados de aprendizagem e de aumento da equidade, considerado o nível socioeconômico dos educandos	• 75% - valor adicionado • 25% - conforme critérios: • 15% - igual entre todos os municípios • 10% - melhoria nos resultados de aprendizagem e de aumento da equidade, considerado o nível socioeconômico dos educandos	• 65% - valor adicionado • 35% - conforme critérios: • 7% - área do município • 3,5% - produtividade primária do município • 2% - relação inversa ao valor adicionado fiscal per capita • 1% - Programa de Integração Tributária (PIT) • 4,5% - número de propriedades rurais • 17% - Participação no Rateio da Educação (PRE)

Fonte: o autor, com base nas legislações estaduais, 2023

É possível observar que a parcela referente ao valor adicionado — aquilo em que o município contribui para gerar a receita total do ICMS no estado — varia em cada unidade. Com isso, em outra parte — em que estariam os diversos critérios com condições de igualdade entre os municípios e, neles, os da educação —, há uma variação ainda maior entre as leis estaduais da região Sul. Logo, os critérios educacionais têm pesos diferentes em cada estado e, provavelmente, os efeitos serão distintos, tanto sob os aspectos da arrecadação pelas prefeituras quanto dos resultados de aprendizagem dos estudantes combinada com equidade.

Essa sistemática de atrelamento da receita do ICMS a indicadores educacionais está ainda mais fortalecida com a equipe do Ministério da Educação neste terceiro governo de Luiz Inácio Lula da Silva. O atual ministro da Educação, Camilo Santana, foi governador do Ceará, estado que inspirou essas mudanças por usar a educação como critério de distribuição do ICMS desde a segunda metade dos anos 1990.

Mas foi em 2007 que o Ceará criou o Índice de Qualidade da Educação (IQE) (Ceará, 2007) para balizar a repartição do ICMS entre as prefeituras. A sistemática do IQE utiliza as taxas de aprovação no ensino fundamental e os resultados de proficiência alcançados pelos estudantes do segundo, do quinto e do nono ano do ensino fundamental nas escolas municipais. Aliás, criou o Sistema Permanente de Avaliação da Educação Básica do Ceará (Spaece) para apurar o desempenho dos estudantes e construir políticas educacionais voltadas à busca da alfabetização dos estudantes na idade certa.

Por outro lado, pesquisadores têm apresentado preocupação com a nova regra de distribuição do ICMS, alegando, entre outras questões, dois pontos. O primeiro é que a busca pela qualidade da educação no Brasil está sendo reduzida à elevação dos resultados de aprendizagem nas avaliações em larga escala. Mas, também, que a medida pode alcançar resultados indesejáveis, porque não poderá resolver o desafio da igualdade.

> O Ministério da Educação (MEC), baseado em normas internacionais, superdimensiona a avaliação da aprendizagem dos estudantes dando ênfase aos testes padronizados e com isso estimula os governantes a avançarem nesse único indicador, reduzindo a qualidade a esse critério. Já o termo equidade (que admite desigualdades no desenvolvimento), desde 1980, tem substituído o conceito de igualdade. [...] O dispositivo usa "mantras" do Banco Mundial, mas em termos práticos pouco ou em nada colabora para a melhoria da educação pública através do financiamento. (Souza, 2021, p. 4).

Para Souza, as mudanças na repartição do ICMS podem ainda gerar um efeito inverso, se beneficiarem os municípios que já têm maior capacidade de arrecadação.

> A EC 108/20 poderia atenuar essa desigualdade ao retirar 10% dos 75% e condicioná-los a uma distribuição que privilegiasse os municípios mais pobres e com necessidades de expansão de sua rede de ensino. (Souza, 2021, p. 4).

De toda forma, a atual equipe tem enfatizado que o objetivo do MEC com a educação básica está alicerçado no tripé: alfabetização, ensino integral e escolas conectadas (Santana, 2023). Consequentemente, a busca pela alfabetização dos estudantes na idade apropriada demandará pelo próprio MEC e, também, pelas redes de ensino o impulsionamento das estratégias de avaliação em larga escala para acompanhar esse objetivo. Na prática, o objetivo é alterar o panorama dos resultados educacionais brasileiros.

A razão das mudanças na educação brasileira

Na última década, a justificativa do Estado brasileiro — em diferentes momentos — para estruturar políticas educacionais esteve sempre nos resultados alcançados em relação à aprendizagem dos estudantes. Esse contexto ganhou força a partir de 2007, quando o Ministério da Educação criou o Índice de Desenvolvimento da Educação Básica, que, a cada dois anos, disponibiliza um resultado para cada rede de ensino e escola, em uma nota que varia de 0 a 10 pontos. O Ideb é resultado do cruzamento de resultados de aprendizagem dos estudantes de quinto e nono anos do ensino fundamental e terceiro ano do ensino médio com as taxas de aprovação alcançadas em cada etapa e subetapa. As avaliações são realizadas por meio do Saeb, organizado pelo Inep, enquanto os dados sobre as taxas de aprovação têm como fonte as informações confirmadas pelas redes de ensino no Censo Escolar.

Foram projetadas metas para as redes de ensino e as escolas, a cada edição do Ideb, até o ano de 2021, com a expectativa de que nacionalmente fossem alcançadas as notas 6 para os anos iniciais do ensino fundamental, 5,5 para os anos finais e 5,2 para o ensino médio. Ao longo do tempo, o Ministério da Educação alicerçou a assistência técnica e financeira que presta aos estados e aos municípios no objetivo de melhorar a qualidade da educação e alcançar os resultados estimados.

O tempo passou e, apesar de todo o esforço implementado, ao chegar a 2021, os resultados do Ideb alcançados foram de, respectivamente: 5,8; 5,1; e 4,2. Apesar disso, em apenas oito unidades da Federação (CE, DF, ES, MG, PR, RS, SC e SP) foram alcançadas as metas projetadas para o Ideb 2021 nos anos iniciais do ensino fundamental (Inep, 2022). Já nos anos finais, somente nos estados de Ceará e São Paulo foi alcançada a meta — de 5,5. E, no ensino médio, nenhum estado conseguiu atingir a meta — de 5,2 — prevista para o Ideb.

O atual governo não anunciou ações para a continuidade do Ideb, e o Ministério da Educação está desenvolvendo estudos para formatar a proposta com a sistemática definitiva para a distribuição da complementação da União ao Fundeb por meio do VAAR. Além disso, os governos estaduais ainda têm trabalhado na regulamentação de suas legislações para distribuição da cota-parte do ICMS. De toda forma, MEC e governos estaduais já sinalizaram que o objetivo é avançar em políticas que articulem a evolução da aprendizagem combinada com a redução das desigualdades.

Nesse cenário, não é possível deixar de observar, ainda que superficialmente, alguns resultados sobre a aprendizagem dos estudantes brasileiros. Em uma análise empírica, Rocha (2022) buscou traduzir, pontualmente, informações sobre a aprendizagem dos estudantes nos dados do Saeb de 2019. Ele cruzou o resultado médio dos estudantes brasileiros de quinto e nono anos do ensino fundamental e terceiro ano do ensino médio, em leitura e matemática, com as escolas de proficiência definidas pelo Inep e utilizadas nas avaliações em larga escala. Como resultado, concluiu que o desempenho médio dos estudantes brasileiros está consideravelmente abaixo do esperado, como pode ser observado no quadro a seguir.

Quadro 2 - Estimativa do desempenho médio dos estudantes brasileiros com base nos resultados do Saeb 2021

Ano/série	Leitura	Matemática
5º ano EF	Pouco mais da metade dos alunos domina o mínimo necessário	Mais de dois terços dos alunos não conseguem calcular o resultado de uma adição ou subtração simples
9º ano EF	70% dos alunos não conseguem identificar o tema de um texto ou reconhecer a sua finalidade	De cada dez alunos, apenas um compreende noções das porcentagens (25%, 50% e 100%)
3º ano EM	De cada dez alunos, apenas dois conseguem posicionar-se criticamente diante de um texto que acabou de ler	35% dos jovens não conseguem resolver uma situação simples de pagamento e troco

Fonte: o autor, com base no estudo empírico de Rocha (2022)

Mesmo antes da BNCC, os referenciais curriculares definidos pelo CNE estabeleciam uma expectativa de aprendizagem para os estudantes ao longo da sua trajetória na educação básica. Porém, os dados apresentados por Rocha evidenciam uma situação preocupante, que pode até mesmo impactar de maneira indesejável as perspectivas esperadas para a vida no mundo atual.

Neste estudo, a busca pela compreensão da motivação das recentes políticas educacionais estimulou a pesquisa sobre o detalhamento dos resultados nas avaliações, principalmente nos aspectos da redução das desigualdades educacionais conforme o nível socioeconômico e a cor dos estudantes, presentes na complementação da União por meio do VAAR, e nos critérios para definir a repartição da cota-parte do ICMS pelos estados. O Inep ainda não divulgou dados estratificados sobre a evolução da aprendizagem dos estudantes nas edições do Saeb de 2017 e 2019, que foram utilizadas como base para o cálculo da distribuição do VAAR em 2023. Tampouco são conhecidos os dados detalhados de aprendizagem por nível socioeconômico dos estudantes e aspectos de cor e raça.

Dados reunidos e tratados pelo Portal QEdu[7] apresentam um contexto sobre equidade quando analisados os resultados da edição 2019 do Saeb. Ainda que estruturado a partir da lógica que considera o desempenho alcançado pelos estudantes como padrão para definir a qualidade da educação ofertada pelas redes de ensino, as informações deste portal evidenciam o percentual de estudantes brasileiros que atingiu a pretensa expectativa de aprendizagem no Saeb de 2019. Ainda, como está a aprendizagem a partir do desdobramento entre nível socioeconômico e cor dos estudantes. Os resultados podem ser observados no quadro a seguir.

Quadro 3 - Percentual de estudantes que atingiram nível satisfatório de aprendizagem segundo Nível Socioeconômico (NSE) e cor (Pretos/Brancos).

	Área	Baixo NSE	Alto NSE	Pretos	Brancos
5º ano EF	Leitura	47%	67%	40%	65%
	Matemática	37%	59%	31%	56%
9º ano EF	Leitura	28%	55%	27%	46%
	Matemática	13%	37%	13%	26%
3º ano EM	Leitura	24%	45%	28%	45%
	Matemática	3%	12%	4%	11%

Fonte: o autor, com base nas informações disponibilizadas em www.qedu.org.br, do Saeb 2019

---

[7] Portal na internet com acesso gratuito e que reúne e trata informações sobre dados educacionais. A organização é apoiada financeiramente por entidades do terceiro setor ligadas a movimentos empresariais que atuam em iniciativas na área da educação. Disponível em: https://qedu.org.br/sobre. Acesso em: 23 fev. 2024.

Ainda que dados do Inep sejam diferentes, as informações do Portal QEdu (Saeb de 2019) descortinam uma realidade preocupante diante da estrutura das novas políticas educacionais. Sobretudo, as de financiamento da educação básica pública. E há importante regra a ser observada nesse contexto, que é de que o Estado opera por meio da lei. Apesar de não ser possível estimar que o caminho definido por diferentes governos resultará em garantia de condições de equidade na aprendizagem dos estudantes, as políticas educacionais implementadas terão sequência.

Oportuno registrar uma vez mais as polêmicas e controvérsias geradas por essas políticas educacionais. O MEC e o CNE — com composições distintas em diferentes momentos — defendem a estruturação de políticas voltadas para que estudantes alcancem desempenhos satisfatórios. Por outro lado, é preciso considerar que

> [...] em política educacional, ações pontuais voltadas para maior eficiência e eficácia do processo de aprendizagem, da gestão escolar e da aplicação de recursos são insuficientes para caracterizar uma alteração da função política deste setor. Enquanto não se ampliar efetivamente a participação dos envolvidos nas esferas de decisão, de planejamento e de execução da política educacional, estaremos alcançando índices positivos quanto à avaliação dos resultados de programas da política educacional, mas não quanto à avaliação política da educação. (Höfling, 2001, p. 39).

Neste contexto, as políticas educacionais devem abranger um conjunto de expectativas capazes de alterar as condições sociais e econômicas dos estudantes. E isso é possível quando elas respondem aos desafios de acesso e permanência na escola, à existência de professores com formação adequada todos os dias letivos e em todas as salas de aula, à valorização dos profissionais da educação com a garantia de plano de carreira e remuneração adequada, além de a um padrão adequado de infraestrutura e de recursos pedagógicos e tecnológicos necessários para a garantia do direito à educação.

Considerações finais

As políticas educacionais implementadas nos últimos dez anos no Brasil não constituem uma ampla e articulada reforma educacional. Tampouco surgiram de iniciativas propostas por um único governo. Pelo contrário, foram planejadas em momentos (governos) distintos e estão sendo implementadas isoladamente, mas de maneira sequenciada. O PNE foi iniciativa do governo Dilma Rousseff, enquanto as bases nacionais surgiram no governo Michel Temer. Já a nova sistemática de financiamento da educação foi aprovada no governo Jair Bolsonaro e está sendo implementada no terceiro governo de Luiz Inácio Lula da Silva.

Não há atrelamento direto das bases com a sistemática de financiamento da educação. Mas a BNCC e a BNC-Formação definiram o que, como e quando os professores têm que ensinar; e o que os estudantes têm que aprender. Como consequência, de maneira inédita, as receitas da educação e da prefeitura dependem do processo de ensino e aprendizagem. Por outro lado, não há ligação direta da BNC-Diretor Escolar com a complementação VAAR. Mas, se não houver legislação com critérios de mérito e desempenho a definir os gestores escolares, a rede de ensino não conseguirá sequer se habilitar para receber o recurso. Além disso, se o governo estadual não efetivar mudanças na lei do ICMS, também deixará de se habilitar para receber o VAAR.

Essas políticas, quando analisadas — separada ou coletivamente —, permitem concluir que há uma convergência central: a busca pela elevação da aprendizagem de todos os estudantes, mas considerando suas características individuais; nível socioeconômico e cor, por exemplo. Como resultado, um cenário desafiador é descortinado, e não está afastada a possibilidade de efeitos indesejáveis com essas mudanças.

A tendência é que as redes de ensino absorvam um processo de padronização e implementem suas próprias iniciativas, com o objetivo de buscar nova receita do Fundeb e, no caso específico dos municípios, manter ou até ampliar a arrecadação do ICMS. Contudo, a complexidade da oferta, a realidade de cada região, a falta de equidade nas condições de acesso e permanência do estudante na escola poderão ampliar as desigualdades e afastar a conquista do direito à educação.

Referências

BRASIL. [Constituição (1988)]. **Constituição da República Federativa do Brasil**. Brasília: Assembléia Nacional Constituinte, 1988. Disponível em: https://www2.camara.leg.br/legin/fed/consti/1988/constituicao-1988-5-outubro-1988-322142-publicacaooriginal-1-pl.html. Acesso em: 4 abr. 2023.

BRASIL. **Emenda Constitucional nº 108, de 27 de agosto de 2020**. Altera a Constituição Federal para estabelecer critérios de distribuição da cota municipal do [...] (ICMS), para disciplinar a disponibilização de dados contábeis pelos entes federados, para tratar do planejamento na ordem social e para dispor sobre o [...] (Fundeb); [...]; e dá outras providências. Brasília: Câmara dos Deputados; Senado Federal, 2020a. Disponível em: https://www.in.gov.br/en/web/dou/-/emenda-constitucional-n-108-274384345. Acesso em: 4 abr. 2023.

BRASIL. **Lei nº 13.005, de 25 de junho de 2014**. Aprova o Plano Nacional de Educação - PNE e dá outras providências. Brasília: Presidência da República, 2014. Disponível em: https://www.planalto.gov.br/ccivil_03/_ato2011-2014/2014/lei/l13005.htm. Acesso em: 23 fev. 2024.

BRASIL. **Lei nº 14.113, de 25 de dezembro de 2020**. Regulamenta o Fundo de Manutenção e Desenvolvimento da Educação Básica e de Valorização dos Profissionais da Educação (Fundeb), [...]; e dá outras providências. Brasília: Presidência da República, 2020b. Disponível em: https://www.planalto.gov.br/ccivil_03/_ato2019-2022/2020/lei/l14113.htm. Acesso em: 4 abr. 2023.

BRASIL. Ministério da Educação. **Base Nacional Comum Curricular**: educação é a base. Brasília: MEC, 2018a. Versão eletrônica.

BRASIL. Ministério da Educação. Conselho Nacional de Educação. **Parecer CNE/CP nº 4/2021**. Base Nacional Comum de Competências do Diretor Escolar (BNC-Diretor Escolar). [Brasília]: MEC, 2021.

BRASIL. Ministério da Educação. Conselho Nacional de Educação. **Resolução nº 2, de 1º de julho de 2015**. Define as Diretrizes Curriculares Nacionais para a formação inicial em nível superior (cursos de licenciatura, cursos de formação pedagógica para graduados e cursos de segunda licenciatura) e para a formação continuada. [Brasília]: MEC, 2015.

BRASIL. Ministério da Educação. Conselho Nacional de Educação. Conselho Pleno. **Resolução CNE/CP nº 2, de 20 de dezembro de 2019**. Define as Diretrizes Curriculares Nacionais para a Formação Inicial de Professores para a Educação Básica e institui a Base Nacional Comum para a Formação Inicial de Professores da Educação Básica (BNC-Formação). [Brasília]: MEC, 2019.

BRASIL. Ministério da Educação. Conselho Nacional de Educação. Conselho Pleno. **Resolução CNE/CP nº 2, de 22 de dezembro de 2017**. Institui e orienta a implantação da Base Nacional Comum Curricular, a ser respeitada obrigatoriamente ao longo das etapas e respectivas modalidades no âmbito da Educação Básica. [Brasília]: MEC, 2017.

BRASIL. Ministério da Educação. Conselho Nacional de Educação. Conselho Pleno. **Resolução CNE/CP nº 2, de 30 de agosto de 2022.** Altera o Art. 27 da Resolução CNE/CP nº 2, de 20 de dezembro de 2019, que define as Diretrizes Curriculares Nacionais para a Formação Inicial de Professores para a Educação Básica e institui a Base Nacional Comum para a Formação Inicial de Professores da Educação Básica (BNC-Formação). [Brasília]: MEC, 2022a.

BRASIL. Ministério da Educação. Conselho Nacional de Educação. Conselho Pleno. **Resolução nº 4, de 17 de dezembro de 2018.** Institui a Base Nacional Comum Curricular na Etapa do Ensino Médio (BNCC-EM), como etapa final da Educação Básica, nos termos do artigo 35 da LDB, completando o conjunto constituído pela BNCC da Educação Infantil e do Ensino Fundamental, com base na Resolução CNE/CP nº 2/2017, fundamentada no Parecer CNE/CP nº 15/2017. [Brasília]: MEC, 2018b.

BRASIL. Ministério da Educação. Ministério da Economia. **Portaria Interministerial nº 7, de 29 de dezembro de 2022.** Estabelece as estimativas, valores, as aplicações e os cronogramas de desembolso das complementações da União ao Fundo [...]. [Brasília: MEC; ME], 2022b.

CEARÁ. **Lei nº 14023 de 17/12/2007.** Modifica dispositivos da Lei nº 12.612, de 7 de agosto de 1996, que define critérios para distribuição da parcela de receita do produto e arrecadação do [...] - ICMS, pertencente aos municípios e dá outras providências. Fortaleza: Governo do Estado do Ceará, 2007. Disponível em: https://www.legisweb.com.br/legislacao/?id=122702#:~:text=Modifica%20dispositivos%20da%20Lei%20n%C2%BA,intermunicipal%20e%20de%20comunica%C3%A7%C3%A3o%20%2D%20ICMS%2C. Acesso: em 10 abr. 2023.

DOURADO, L. F.; OLIVEIRA, J. F. A qualidade da educação: perspectivas e desafios. **Cad. Cedes**, Campinas, v. 29, n. 78, p. 201-215, maio/ago. 2009.

FARENZENA, N. Os desafios do financiamento da educação básica no contexto do novo Fundeb. **Revista Educação e Políticas em Debate**, [s. l.], v. 10, n. 1, p. 20-28, jan./abr. 2021.

FARENZENA, N. Trajetória das diretrizes legais do financiamento da educação básica na Constituinte e nas emendas à Constituição federal de 1988. **Em Aberto**, Brasília, v. 35, n. 113, p. 63-82, jan./abr. 2022.

HÖFLING, E. M. Estado e políticas (públicas) sociais. **Cadernos Cedes**, [*s. l.*], ano 21, n. 55, p. 30-41, nov. 2001.

INSTITUTO NACIONAL DE ESTUDOS E PESQUISAS EDUCACIONAIS ANÍSIO TEIXEIRA (INEP). **MEC e Inep divulgam resultados do Saeb e do Ideb 2021**. Brasília: Inep, 2022.

INSTITUTO NACIONAL DE ESTUDOS E PESQUISAS EDUCACIONAIS ANÍSIO TEIXEIRA (INEP). **Sinopse estatística da educação básica 2023**. Brasília: Inep, 2024.

LIBÂNEO, J. C. Políticas educacionais no Brasil: desfiguramento da escola e do conhecimento escolar. **Cadernos de Pesquisa**, [*s. l.*], v. 46, n. 159, p. 38-62, jan./mar. 2016.

OLIVEIRA, I. B. Políticas curriculares no contexto do golpe de 2016: debates atuais, embates e resistências. *In*: AGUIAR, M. A. S.; DOURADO, L. F. (org.). **A BNCC na contramão do PNE 2014-2024**: avaliação e perspectivas. Recife: Anpae, 2018. *Ebook*.

PARANÁ. **Lei Complementar 249 - 23 de agosto de 2022**. Estabelece critérios para os Índices de Participação dos Municípios na cota-parte do Imposto sobre Operações Relativas à Circulação de Mercadorias e sobre Prestações de Serviços de Transporte Interestadual e Intermunicipal e de Comunicação. Curitiba: Governador do Estado, 2022. Disponível em: https://www.legislacao.pr.gov.br/legislacao/pesquisarAto.do?action=exibir&codAto=270797&indice=1&totalRegistros=1&dt=14.8.2022.16.41.9.621. Acesso em: 10 abr. 2023.

PERRENOUD, P. **Dez novas competências para ensinar**. Trad. P. Chittoni Ramos. Porto Alegre: Artmed, 2000.

RIO GRANDE DO SUL. **Lei nº 15766, de 20 de dezembro de 2021**. Dispõe sobre a parcela do produto da arrecadação do Imposto sobre Operações Relativas à Circulação de Mercadorias e sobre Prestações de Serviços de Transporte Interestadual e Intermunicipal e de Comunicação - ICMS - pertencente aos municípios. Porto Alegre, Governo do Estado, 2021. Disponível em: https://www.legisweb.com.br/legislacao/?id=424847. Acesso em: 10 abr. 2023.

ROCHA, L. R. **Aprendizagem significativa**. [Campo Grande: Secretaria de Estado da Educação do Mato Grosso do Sul], 9 fev. 2022. Palestra.

SANTA CATARINA. **Lei nº 18.489, de 22 de agosto de 2022**. Dispõe sobre a repartição do produto da arrecadação do [...] (ICMS) [...] e estabelece outras providências. Florianópolis: Governo do Estado, 2022. Disponível em: https://legislacao.sef.sc.gov.br/html/leis/2022/lei_22_18489.htm#:~:text=Disp%C3%B5e%20sobre%20a%20reparti%C3%A7%C3%A3o%20do,do%20%C2%A7%203%C2%BA%20do%20art. Acesso em: 10 abr. 2023.

SANTANA, C. MEC apresenta prioridades da gestão ao Congresso. *In*: BRASIL. **Ministério da Educação**. Brasília: MEC, 12 abr. 2023. Não paginada.

SILVA, R. S. Apresentação BNCC. *In*: BRASIL. Ministério da Educação. **Base Nacional Comum Curricular**: educação é a base. Brasília: MEC, 2018. p. 5. Versão eletrônica.

SOUZA, F. A. Os novos e velhos problemas do "novo Fundeb": análise da Emenda Constitucional 108/2020. **Vértices**, Campos dos Goitacazes, v. 23, n. 3, p. 788-802, 2021.

5

POLÍTICAS PÚBLICAS E GESTÃO ESCOLAR: CURSOS, PALESTRAS E OFICINAS NO PROCESSO DE FORMAÇÃO CONTINUADA DE PROFESSORES EM CURITIBA, NO PERÍODO 1996-2016

Edson Rodrigues Passos

Alboni Marisa Dudeque Pianovski Vieira

Debater os desafios da formação continuada de professores na educação básica, em particular na esfera municipal de Curitiba, correspondente ao ensino infantil (creche e pré-escola); ao ensino fundamental, anos iniciais (primeiro ao quinto ano) e anos finais (sexto ao nono ano), implica refletir criticamente sobre a educação no contexto das políticas públicas educacionais, com ênfase na formação docente para além do currículo dos cursos de licenciatura e Pedagogia.

Tal afirmação exige que se repense a ideia de que os saberes construídos ao longo de anos de estudos, nas diversas grades e matrizes curriculares das licenciaturas, não são aquisições vitalícias e suficientes para que se dê conta da educação dos estudantes em face dos desafios que a realidade contemporânea nos impõe.

É importante que se diga que o processo de formação continuada de professores não está simplesmente orientado no sentido de acumular conhecimentos, estocar informações, mas, sobretudo, trata-se de uma preparação para lidar com as mudanças, os avanços e as transformações no mundo, o que implica pensar a profissão professor como sujeito ativo e agente transformador da realidade e de si mesmo. É nessa relação dialética de aprendizado, aprender para ensinar com qualidade, que o município de Curitiba tem trabalhado na valorização dos profissionais da educação básica e dos estudantes.

Convém destacar que a presente pesquisa dá continuidade ao trabalho realizado no âmbito do Projeto Fundação Araucária de Apoio ao Desenvolvimento Científico e Tecnológico do Estado do Paraná (FA), cujos estudos realizados e concluídos naquela ocasião pelos Prof.ᵉˢ Dr.ᵉˢ Alboni Marisa Dudeque Pianovski Vieira e Edson Passos (2022) resultou no artigo intitulado: "A formação continuada de professores em Curitiba, no período 1996-2016, no contexto da globalização". Este se debruçou na investigação sobre as relações entre políticas públicas adotadas pela Rede Municipal de Ensino (RME) de Curitiba no período 1996-2016 e sobre a formação continuada de professores, no contexto da globalização. Com ênfase no controle crescente da globalização neoliberal na educação pública, a pesquisa quantificou os dados acerca da totalidade dos cursos ofertados na formação continuada de professores pelo município de Curitiba no período citado anteriormente, apresentando uma análise crítica que nos mostrou intimamente uma educação pública regulada a um sistema produtivo exagerado que impulsionava a desproporção entre a quantidade de cursos e vagas oferecidas em relação à baixa demanda de professores inscritos, bem como o acentuado índice de desistentes e não concluintes.

Desse modo, iniciamos a nossa construção teórica de maneira bastante geral e simplificada, para que paulatinamente possamos ancorar o problema desta pesquisa, que é investigar criticamente, pela perspectiva das políticas públicas em educação propostas pela Secretaria Municipal da Educação (SME) de Curitiba, o percentual significativo de cursos, palestras, seminários, fóruns e oficinas, em especial os temas, ementas, problematização e objetivos desses eventos, no intuito de compreendermos como essa instrumentalização teórica e prática confluiu no processo de formação continuada de professores no município de Curitiba no período entre 1996 e 2016, sobretudo na aplicabilidade cotidiana e no retorno efetivo na prática docente para a melhoria na educação dos estudantes.

Todavia, entendemos que todo conhecimento construído por meio dos estudos advindos de seminários, oficinas, palestras etc. torna-se instrumento poderoso de transformação da realidade, quando trabalhado na escola em forma de aulas e ensinamentos a serviço do aprendizado dos estudantes. Em tese, esta seria a função primordial da escola: estimular, criar saberes e consciência crítica, de modo que os estudantes desenvolvam a autonomia de refletir e compreender a realidade em que vivem.

No entanto, o que se observa na prática é que, na maioria das vezes, compulsivamente, por diversos problemas de ordem social, política e econômica, ocorrem intervenções no processo histórico-social que acabam afetando a vida das pessoas, confluindo na realidade da escola e na educação como um todo, de modo que não se alcançam os resultados previamente estabelecidos por meio de uma expectativa de aprendizagem dos estudantes.

Considerando essa realidade, que não é direta nem imediata, admitimos a complexificação da questão educacional no país, e justificativa desta pesquisa, sobretudo quando, na maioria das vezes, a formação continuada tem por objetivo treinar professores para o mercado capitalista, cujo perfil dos formadores é de gerentes educacionais a serviço do Estado. Na educação, o aparelho estatal no controle da razão instrumental, marcado pelo uso meramente técnico da razão, ignora a produção social, a dimensão humana e a formação intelectual pautada na equidade de oportunidades e justiça social.

Outro fator preocupante que se vê nos eventos de formação continuada docente é a reiterada pregação homogeneizada de conceitos epistemológicos distantes dos problemas reais da escola. Nesses encontros, raramente se constrói uma reflexão crítica que permita enfrentar os problemas educacionais nas suas múltiplas determinações. Por outro lado, exagera-se nas poucas experiências empíricas que deram certo em algum lugar do país, creditando enorme esperança no processo de formação continuada de professores como um modelo-geral para resolver os problemas estruturais existentes na educação.

Quando o tema em discussão é a formação inicial e continuada de professores, é fato que ainda não quebramos totalmente o silêncio acerca dos conhecimentos, saberes, competências e compromisso político dos professores nas disciplinas que ensinam. Embora tenhamos vigorosas pesquisas no campo da educação sobre formação continuada, nas produções de Arroyo (2007), Saviani (2009), Gatti (2010), Souza (2014), entre outros, nos cursos de licenciatura, na educação brasileira, não sabemos com precisão o que os professores sabem na especificidade de sua disciplina nem como trabalham a relação ensino-aprendizagem, tendo em vista os aspectos epistemológicos, metodológicos e didáticos em sala de aula.

Os resultados e índices das avaliações externas de larga escala dos últimos anos no país, por exemplo, os indicadores do Índice de Desenvolvimento da Educação Básica (Ideb), mostram que os estudantes brasileiros das escolas públicas aprendem pouco. É descabido imputar culpados fora de uma determinada ordem social, o que implica assumirmos responsabilidades e ações de transformação dessa realidade social, aceitando o fato de que somente com esse tipo de avaliação, como diagnóstico nos anos finais do ensino fundamental e médio, não se pode melhorar a educação no país.

Parece inevitável que se busque uma justificativa política, econômica e social para o fracasso escolar e da educação como um todo. No entanto, atribuir os problemas da educação que aí estão ao professor, à escola e à sociedade, sem tencioná-los na sua própria complexidade e realidade institucional, sem uma constante reflexão sobre si mesmo na sua prática enquanto ser professor, é assumir a nossa incapacidade de compreender criticamente os paradoxos que orientam as políticas educacionais no país.

A investigação desses problemas exige que se pense a formação continuada docente numa perspectiva crítica de políticas públicas educacionais, sobretudo os atuais programas educacionais de plataformização da educação básica, que têm investido massivamente no treinamento de professores para o uso exaustivo dos aplicativos com os estudantes.

Em suma, na medida em que se vive numa sociedade capitalista, baseada na relação capital-trabalho, não é possível negar que, na luta da educação pela melhoria do ensino-aprendizagem, não se sabe com quem se luta. Entendemos que, em face da especificidade do objeto em análise, a investigação educacional sobre formação docente, o vigor da abordagem qualitativa é o mais apropriado, tendo em vista que o pesquisador faz parte da sociedade que pesquisa. Desse modo, a neutralidade seria descabida, pois, em educação, todas as realidades sociais se interferem, relacionam-se e afetam-se.

Como diz Karel Kosik (2002, p. 18), "compreender a coisa significa conhecer-lhe a estrutura". A aparência das coisas não revela a sua essência, que é velada, e exige de nós um olhar que clarifique e desvele a realidade. Apesar de o problema em discussão ser reconhecido publicamente, pouco se tem feito para que a formação continuada de professores deixe de ser um dos principais problemas da educação no país. Como pela educação perpassam muitas realidades com aspectos adversos e contraditórios, cada um com sua estrutura complexa, Kosik alerta-nos para a importância de uma investigação fundamentada em embasamentos filosóficos e epistemológicos que nos permitam alcançar e superar a estrutura do problema.

O sentido social e político-emancipatório nos projetos de formação continuada docente

Entendemos que as políticas públicas de formação continuada docente no país não têm uma boa radiografia, sobretudo porque não se tem clareza acerca dos saberes científicos fundamentais não apropriados na relação indissolúvel entre teoria e prática, na formação inicial de quem optou pela licenciatura. A questão central, nesse caso, é entender a importância de debater o seguinte: propostas aligeiradas de capacitação, na pauta de determinados cursos, palestras ou oficinas, não são suficientes para abarcar ou reparar a ausência de uma formação inicial cursada com qualidade, ancorada no saber sistematizado acadêmico.

Desse modo, a centralidade da formação docente, como atividade indispensável nas transformações e mudanças de valorização e promoção dos professores e estudantes, deve ocorrer na formação inicial, no percurso de quatro ou cinco anos de graduação no contexto acadêmico das universidades e faculdades, com ênfase na ampliação do conhecimento na transformação da realidade.

No contexto dos projetos de formação continuada de professores em Curitiba, o município é conhecido nacionalmente, desde o fim do século XX, por ter largado na frente nas metodologias inovadoras relacionadas ao uso das tecnologias atreladas ao aperfeiçoamento docente. O município apostou nas tecnologias computacionais, de modo que se acelerasse a realidade da sociedade em rede e a internet chegasse à sala de aula de estudantes e professores.

Não tardou para que o município estreitasse vínculos mercadológicos com a iniciativa privada, como perdura até os dias de hoje, com os programas de melhoria de gestão da escola e desenvolvimento profissional de professores, com aprendizagens mediadas por tecnologias relacionadas ao uso das salas Google e projetos de robótica premiados internacionalmente. Para os entes federados, município e estado, tais acordos comerciais e industriais com a iniciativa privada, em particular no campo das tecnologias, no mais das vezes, são vistos como investimento social na educação pública, pois confluem com a ideia de educação para o mercado de trabalho.

Sabemos que em educação há uma distância importante entre o que se diz, o que se faz e os resultados alcançados na resolução dos problemas da vida prática da escola, sobretudo no aprendizado dos estudantes. A rigor, questionamos: a força transformadora de metodologias inovadoras, o uso das tecnologias em sala de aula e na formação continuada de professores, a aprendizagem dos conteúdos nos cursos de formação de fato têm contribuído para o desenvolvimento profissional docente, desde a sua formação inicial e no percurso de sua trajetória profissional?

Ao relativizar a formação continuada de professores no município de Curitiba, buscamos saber se de fato tais ações formativas resultaram em melhorias para a educação dos estudantes na construção de saberes e, consequentemente, com menos reprovação. Além disso, destacamos a importância da formação docente no aspecto da dimensão humana, histórica, político e cultural desses profissionais, de modo que possam continuar a caminhada fortalecidos no exercício da própria valorização, compreensão dos próprios saberes na construção de uma consciência crítica necessária para a aquisição de novos conhecimentos, ideias e práticas em sala de aula.

Em tese, os cursos de formação continuada de professores têm por objetivo capacitar e qualificar os profissionais da educação que precisam se aperfeiçoar profissionalmente, à medida que buscam ascensão na carreira docente, e ensinar com mais qualidade. No entanto, o que se observa na prática, na maioria das vezes, são formações aligeiradas, descontextualizadas dos problemas reais do dia a dia das escolas e sem estratégias claramente definidas sobre sua inserção do ponto de vista de continuidade com a formação inicial do professor. Como afirmam Ferreira e Bittencourt (2008, p. 70):

> Na verdade, a política de formação continuada de professores tem se tornado uma política de descontinuidade, pois caracteriza-se pelo eterno recomeçar em que a história é negada, os saberes são desqualificados, o sujeito é assujeitado, porque se concebe a vida como um tempo zero. Faz-se necessário que a formação de um cidadão, assim como a formação do profissional da educação aconteça em todas as dimensões e com todas as possibilidades, através do encanto vital que possui o conhecimento que "forma" o profissional da educação, o cidadão.

É importante ressaltar que, para as autoras, a formação continuada de professores perpassa necessariamente a apropriação de uma postura mais objetiva, crítica e revolucionária do ponto de vista social e do ser humano contemporâneo, cujo preceito é a formação omnilateral do homem em sociedade, de tal maneira que não daria para se pensar a categoria "formação docente" distante do *ethos* universal da educação, que, em primeiro lugar, deveria formar cidadãos que ascendessem por si mesmos a uma práxis reflexiva, crítica e consciente de seus direitos políticos e sociais.

Acerca dessa questão, Alvarado-Prada, Campos Freitas e Freitas (2010, p. 370) afirmam o seguinte:

> Essa construção da formação é contínua e não fica restrita a uma instituição, à sala de aula, a um determinado curso, pois os docentes podem formar-se mediante seu próprio exercício profissional, partindo da análise de sua própria realidade e de confrontos com a universalidade de outras realidades que também têm fatos do cotidiano, situações políticas, experiências, concepções, teorias e outras situações formadoras.

Em confluência com as ideias dos autores citados anteriormente, entendemos que o processo de formação continuada de professores nas esferas federais, estaduais e municipais precisa ser trabalhado numa perspectiva de totalidade, valorizando a capacidade humana de construir conhecimentos e ressignificar a própria realidade por meio da práxis, da teoria à prática. No entanto, para isso, faz-se necessário que os gestores de políticas educacionais tenham por objetivo o comprometimento social prático com a qualidade e qualificação como prioridades de uma formação para cidadania.

Desse modo, Adolfo Sánchez-Vásquez destaca que:

> [...] a atividade prática é real, objetiva ou material. O objeto da atividade prática é a natureza, a sociedade ou os homens reais. A finalidade dessa atividade é a transformação real, objetiva, do mundo natural ou social para satisfazer determinada necessidade humana. (Sánchez-Vásquez, 1977, p. 194).

Sánchez-Vásquez (1977), ao tratar da questão da práxis, permite-nos estabelecer relações conceituais de sentidos com a formação continuada docente, na medida em que tais ações em sala de aula deveriam estar circunscritas no sentido material da vida social teórico-prática. Desse modo, essa visão de totalidade da realidade da ação formativa docente reforçaria a democratização de oportunidades de acesso à educação de qualidade para todos, o que poderia confluir em muitas oportunidades sociais, tais como: emprego, renda, saúde, segurança pública, lazer, moradia etc.

Nesse sentido, cabe-nos a reflexão crítica de identificar esforços reais nos dirigentes políticos, como capacidade de gestão do conhecimento e compromisso político na consolidação de políticas públicas educacionais voltadas à formação de nossos professores na sua totalidade e finitude. Além disso, cabe questionar se essa busca pela omnilateralidade do desenvolvimento integral do ser humano, politecnia, escola unitária e educação tecnológica é possível diante do sistema e da ordem capitalista atual, sobretudo em face da regulação e gestão do conhecimento pelo capital no controle da democratização do saber científico. Acerca dessa questão, Ferreira e Bittencourt, afirmam o seguinte:

> O conhecimento científico é no mundo hodierno a forma privilegiada de conhecimento e a sua importância para a vida de todas as sociedades contemporâneas é inconteste. Na medida de suas possibilidades, todos os países se dedicam à promoção da ciência, esperando benefícios dos investimentos nela. (Ferreira; Bittencourt, 2008, p. 72).

Nesta ótica, a finalidade intrínseca e imanente rumo à educação emancipadora do professor e estudante exige que se supere a hegemonia político-ideológico e epistemológica de afirmação e legitimação de poder pelo capital diante do seu caráter discricionário de distribuição desigual dos bens materiais e imateriais, de modo que nossos professores tenham uma formação inicial e continuada equitativa e com mais qualidade, sobretudo tendo em vista a redução do fracasso escolar e a reprovação na educação básica.

A realidade dos cursos de formação contínua de curta duração na educação municipal de Curitiba: 1996-2016

A proposta deste tópico é refletir algumas questões relacionadas à concentração na quantidade dos cursos de formação continuada propostos pela Secretaria Municipal da Educação de Curitiba, no período 1996-2016, em especial a brevidade desses eventos, com carga horária relativamente curta, temas repetidos, com reduzido embasamento epistemológico e, na maioria das vezes, realizados no interior das próprias escolas entre os professores que ali lecionavam, com baixa participação das instituições de ensino superior e palestrantes especialistas convidados.

No contexto da discussão, a ideia é analisar a política pública geradora da matriz curricular desses cursos, observando criticamente se, de fato, há uma fundamentação filosófico-pedagógica voltada para a prática pedagógica e o desenvolvimento profissional que contemple a diversidade cultural presente na escola e o aprendizado de qualidade dos estudantes.

No entanto, de antemão, há mais de uma década, Romanowski e Martins alertavam-nos sobre a questão da formação continuada:

> Cabe destacar que a formação continuada efetiva-se desde longa data no Brasil, pois o sistema de ensino foi instituído antes que houvesse professores preparados para exercer a docência. Professores leigos eram indicados para exercer a docência e durante o exercício adquiririam prática profissional. Com efeito, a formação continuada assumiu o caráter de suprimento, como aponta Gatti (2007), em que o sistema realiza a formação necessária dos professores durante o exercício profissional, complementando uma formação inicial deficiente e/ou inexistente. Desse modo, a formação continuada é constituinte do próprio sistema escolar, mas sem que uma política para essa formação tenha sido definida. (Romanowski; Martins, 2010, p. 288).

A pesquisa sobre formação continuada de professores realizada por Romanowski e Martins (2010), no diálogo com as pesquisas recentes, confirma a ausência de políticas de Estado por meio da descontinuidade de ações efetivas e consistentes relacionadas ao tema em questão. Os problemas estruturais ainda não foram superados, sobretudo no tocante à má gestão pública de recursos financeiros para o investimento na qualificação profissional docente.

Além do mais, em conformidade com as autoras citadas, professores que aprenderam o ofício na informalidade, sem uma formação específica fundamentada nas concepções científicas de educação, distantes das teorias e práticas dos currículos nos cursos das instituições superiores de formação inicial acadêmica, não se apropriaram dos preceitos pedagógico-didáticos necessários para o exercício da ação docente. No entanto, o que se observa na atualidade é que mesmo os docentes formados nas universidades e faculdades, com uma boa formação acadêmica e base científica, ou o contrário, uma formação precária e deficiente com uma base epistemológica fraca, em ambos os casos, ainda não dá conta de atender aquilo que se prescreve ser o papel da escola.

Isto é, se quase todas as crianças e todos os jovens passam pela escola, historicamente, para a sociedade, caberia ao professor a responsabilidade de construção, consolidação e transmissão dos saberes criados e sistematizados pela humanidade, visando à socialização dos estudantes, abrangendo as múltiplas dimensões da vida em sociedade para o exercício da cidadania.

Aguiar contribui com a discussão e afirma:

> A realidade socioeconômica brasileira traz para o interior da escola situações e problemas que ultrapassam sua capacidade de atuação, exemplo do desemprego estrutural que atinge os jovens. [...] parcela significativa deles está excluída do mundo do trabalho. Os jovens são vítimas desse processo e são atingidos em sua auto-estima, tomando, muitas vezes, caminhos que deságuam na violência. A escola vive permanentemente contradições que resultam da sua própria inserção no mundo capitalista globalizado. (Aguiar, 2011, p. 146-147).

Aguiar (2011), numa visão geral, sintetiza o que se tem constatado nas últimas décadas na educação brasileira, principalmente decorrente de questões políticas e socioeconômicas: em circunstâncias objetivas, no tocante à formação continuada de professores, pouco tem adiantado a aplicação de palestras, cursos e seminários com carga horária mínima ou máxima no intuito de suprir a ausência de uma política educacional interna e externa de formação específica, que prepare o professor para ensinar com base em alicerces pedagógico-didáticos fortes.

Aguiar enfatiza ainda pontos contraditórios na sociedade promovidos pelo liberalismo econômico e político no país, que, no contexto das escolas municipais em Curitiba, confluem muito com a realidade determinada na gestão escolar das escolas, das secretarias e dos núcleos de educação, que não deixa de ser a mesma gestão empresarial do sistema capitalista.

Ao mesmo tempo que a maioria das escolas do município se encontra na periferia da cidade para atender a imensa demanda das famílias mais pobres, com imensos desafios sociais e de aprendizagem, vale destacar que também os professores estão relacionados ao trabalho assalariado. Como afirmamos, pouquíssimas dessas escolas contam com projetos e equipamentos tecnológicos de última geração. Diante dessa realidade, o que acaba sendo destacado pela mídia institucional é uma pequena fração dessa realidade como se fosse o todo.

No contexto da discussão, trazemos uma síntese do quantitativo de cursos, oficinas e palestras oferecidos pela Rede Municipal de Ensino de Curitiba de 1997-2016 que foi apresentada no artigo "A formação continuada de professores em Curitiba, no período 1996-2016, no contexto da globalização", de Vieira e Passos (2022), em que se refletiu sobre os resultados qualitativos na educação com base na quantidade ofertada na gestão de cada prefeito.

Assim, destacamos, com base em pesquisas de Vieira e Passos, uma amostragem dos títulos ofertados entre os anos de 1997 e 2000, quando a Prefeitura Municipal de Curitiba esteve a cargo de Cássio Taniguchi, proporcionando aos professores cursos de capacitação e formação:

> A cidade em outros tempos (8 h); Educação infantil (24h); Teatro (12h); Metodologias de ensino de creche (20h); Artes plásticas (16h); Produção e expressão: aspectos emocionais e cognitivos (8h); Educação infantil berçário I (20h); Música – técnica vocal (16h); Assessoramento I para professoras (20h); Formação do educador (36h); Adulto diante da criança uma relação de ajuda (4h); Oficina sobre Estatuto da Criança e Adolescente (8h); Integração funcional (8h); Windows 3.1/O computador no cotidiano escolar (20h); Literatura infantojuvenil e o pia conquistando espaços (20h); Saneamento básico e higienização do ambiente (4h); Módulo de formação do educador II (20h); Desenvolvimento e saúde da criança de 0 a 3 anos (20h); Projeto de trabalho construindo em parcerias (8h). (Vieira; Passos, 2022, p. 1.394).

A variedade dos temas nos cursos apontados por Vieira e Passos sinaliza a preocupação da SME, gestão do prefeito Cássio Taniguchi e equipe, em prol da reformulação na estrutura organizacional dos cursos de formação docente, diretores e pedagogos, tendo em vista estabelecer relações entre as diferentes áreas do conhecimento: ciência, tecnologia, saúde, arte, entre outras áreas.

A variedade de títulos dos cursos e seus conteúdos mostra-nos as contradições sociais que os permeavam, quando se observa que a maioria dos temas, em tese, estaria voltada para a formação continuada de professores, com ênfase em construir um processo educativo como prática social, foco na formação cultural e para a vida consciente dos estudantes. No entanto, a formação para o exercício da liberdade política e cultural no contexto de uma gestão democrática na educação no município de Curitiba, como apontaram Vieira e Passos, historicamente a partir dos anos 1990, no bojo das sociedades neoliberais, centrou-se na tarefa de formar para o processo de produção capitalista, treinar professores para o trabalho técnico, com ênfase no domínio do conteúdo instrumental e instrucional.

Entre os anos de 2001 e 2004, Cássio Taniguchi foi reeleito para o segundo mandato. O que mais se destacou nesse período foram as ofertas de capacitação na área de tecnologia. Vieira e Passos ressaltam os seguintes cursos de formação continuada:

> Conhecimento de mídias - criando jornais eletrônicos (8 h); Construcionismo - linguagem logo (33 h): novas tecnologias para a Ed (40 h); Digitando o futuro (20h); Inovações tecnológicas na educação (20 h); Educação construcionista: explorando a robótica e linguagem logo (40 h); A tecnologia na escola e na vida (20 h); Robótica Educativa (20 h). (Vieira; Passos, 2022, p. 1.397).

Eis uma controversa experiência de gestão que nos legou Cássio Taniguchi, pois, ironicamente, treinar os professores para trabalhar com as tecnologias digitais voltadas à educação das crianças não se traduziu em qualidade no processo de ensino-aprendizagem em áreas fundamentais como leitura e escrita, conforme mostram os dados do Instituto Nacional de Estudos e Pesquisas Educacionais Anísio Teixeira (Inep, 2017), nas Avaliação Nacional de Alfabetização (ANA/Saeb), no município de Curitiba, nas análises desenvolvidas por Raquel Angeli e Maria Iolanda Fontana, em pesquisa intitulada "Avaliação Nacional da Alfabetização (ANA) e as repercussões político-pedagógicas na rede municipal de ensino de Curitiba/PR":

> Ao se analisarem as edições da ANA em 2013, 2014 e 2016 nas escolas municipais da RME de Curitiba, verifica-se que a variação dos resultados neste período praticamente ficou inalterada, no nível insuficiente (N1+N2) no ano de 2013 para 2014, diminuiu 0,85% e no ano de 2014 para 2016 aumentou em 0,01%, ou seja, a articulação da ANA com o PNAIC revelou que, após 4 anos de investimentos na formação e em materiais de apoio pedagógico, não foi assegurado a quase metade das crianças o direito de alfabetização até o final do 3º ano do ensino fundamental. Os dados da ANA verificados no relatório do INEP sobre 27 escolas do NRE/CIC nos anos de 2014/2016 revelaram que 21 escolas, no ano de 2016, apresentaram insuficiência em leitura (N1+N2), entre 45,72% a 68,09%. (Angeli; Fontana, 2020, p. 11).

Servimo-nos da pesquisa de Raquel Angeli e Maria Iolanda Fontana (2020), em consonância com as discussões aqui apresentadas, para destacar que, após dez anos da implantação daquela política pública de formação docente por Taniguchi, pouco se avançou no desenvolvimento de aprendizagem em leitura e escrita das crianças, o que reforça a ideia de inacessibilidade de superação do analfabetismo no país.

Quando se lê o que diz o Plano Municipal de Educação (PME) de Curitiba, com vigência de dez anos, período de 2015-2025, articulado ao

Plano Nacional de Educação (PNE), observa-se que, entre as dez diretrizes que compõem o documento, no Art. 3º, tem-se:

> I - superação do analfabetismo; II - universalização do atendimento escolar; III - superação das desigualdades educacionais, com ênfase na promoção da cidadania, de valores da família e na superação de todas as formas de discriminação; IV - melhoria da qualidade da educação; V - formação para o trabalho e para a cidadania, com ênfase nos valores morais e éticos em que se fundamenta a sociedade; VI - fortalecimento da gestão democrática e dos princípios que a fundamentam; VII - promoção humanística, científica, cultural e tecnológica do município; VIII - valorização dos profissionais da educação escolar básica; IX - promoção dos princípios do respeito aos direitos humanos, à diversidade cultural e à sustentabilidade socioambiental, com direito à identidade biológica (do homem e da mulher) [...]. (Curitiba, 2015, p. 1).

Entre as diretrizes do PME, é importante destacar, com base na pesquisa de Raquel Angeli e Maria Iolanda Fontana acerca dos resultados da ANA/Saeb) de 2014 e 2016, que o município de Curitiba não conseguiu atender à Diretriz I, de superação do analfabetismo dos estudantes até o terceiro ano, pois as crianças ainda não haviam aprendido a ler e escrever textos curtos com introdução, desenvolvimento e conclusão de acordo com a norma culta. Tal entrave na Diretriz I, no processo de ensino e aprendizagem, acabaria restringindo na base a efetivação das demais diretrizes do PME.

Cabe destacar que, na XII ANPEd-SUL, Angeli (2018) apresentava tais incongruências referente à Avaliação Nacional da Alfabetização do ano de 2016 do município de Curitiba, no eixo temático "alfabetização e letramento". Os resultados de sua pesquisa mostraram que, na categoria "proficiência em leitura",

> [...] 49,01% dos estudantes estavam no nível insuficiente na prática de leitura, 18,57% encontravam-se abaixo do nível suficiente em escrita, em matemática 50,05% dos estudantes estavam no nível insuficiente. (Angeli, 2018, p. 2).

O exposto nos resultados de Angeli (2018) e Angeli Fontana (2020) permite-nos apontar para as inconsistências e incoerências acerca das políticas públicas e gestão da educação no processo de formação continuada de professores na última década em âmbito municipal, o que se traduz na consolidação do baixo aprendizado das crianças. Diante dessa realidade, é oportuno afirmar que não bastava que a administração pública dos períodos analisados exagerasse na oferta dessas ações formativas para que os problemas da educação fossem minimizados, pois havia um distanciamento significativo no que se referia à questão quantitativa como instrumento legitimador de qualidade na educação.

O desfecho disto é o que se observa, com imensa gravidade na atualidade pós-pandemia, ao constatarmos que, na passagem desses estudantes para o ensino fundamental II, na maioria das vezes, estão adentrando a Rede Estadual de Ensino no Paraná no sexto ano não alfabetizados, reiterando o fracasso da reprovação na educação básica.

É nesse movimento de oposição e convergência entre o presente e o passado recente que Vieira e Passos (2022) analisaram aspectos da dimensão política e de gestão para a formação continuada docente na Prefeitura Municipal de Curitiba. Numa visão totalizadora das ações formativas para os docentes, no período entre 2005 e 2010, sob os dois mandatos do prefeito Carlos Alberto Richa (Beto Richa), ofertou-se aos professores um total de 1.417 cursos. Na gestão de Luciano Ducci, nos anos de 2011 e 2012, a prefeitura disponibilizou 734 cursos, que integravam projetos de semanas pedagógicas e formação continuada dos professores. No período seguinte, compreendido entre 2013 e 2016, na gestão do prefeito Gustavo Fruet, ofertou cursos, palestras, seminários e oficinas para a formação do corpo docente em Curitiba, totalizando 604 eventos.

Dentre estes, Vieira e Passos destacaram os seguintes títulos:

> Curso de Xadrez – nível básico II 20 h); Educação patrimonial – roteiro histórico (20 h); Jornal eletrônico escolar Extra! Extra! (12 h); Alfa - lego II (24 h); Biodiversidade e lixo II (16 H); Análise e uso de softwares educacionais (32 H); Braille e sorobã na inclusão de alunos com deficiência visual (57 H); Capacitação inicial para o uso do laboratório de informática (20 H); Construindo giffs animados usando a linguagem logo (20 H); Curso Kidsmart- continuidade (36H); Curso HTML básico (40 H); Festas religiosas (20h); Gêneros textuais e o ensino de língua portuguesa (20h); Mineração e desenvolvimento (20h); Práticas pedagógicas diferenciadas: caderno de confidências (20h); A espacialização das informações em maquetes cartográficas (20h); Contando e cantando histórias (20h); Leitura e produção dos diversos gêneros textuais em sala (20h); Montagem de cenas; Ginástica rítmica (20h); A leitura, a produção e a reescrita de textos (20h); África em

> sala de aula: por uma educação não discriminatória (20h); Arte e espiritualidade; Bacias hidrográficas do paraná (20h); Geografizando o jornal e outros cotidianos (20h); Ginástica artística (20h); Jogos teatrais (20h); Leitura e interpretação de texto (20h); Modelagem matemática como alternativa metodológica (20h); O despertar da música na escola(20h); O lúdico no ensino de história (20h); Trabalhando com a literatura e a matemática pela via de resolução de problemas (20h); No ensino de 9 anos, o letramento começa no 1ºano, com plástica (20h), música (20h); A geografia é nosso dia a dia (20h); A importância do trabalho com a consciência fonológica nos anos iniciais (20h); A sala de aula como espaço de pesquisa (20h); Contar histórias - encantamento e magia na sala de aula (20h); Didática da resolução de problemas (20h); Ensinando ciências por meio da resolução de problemas (20h). (Vieira; Passos, 2022, p. 1.400).

A partir das adensadas reflexões dos autores sobre a dimensão quantitativa e qualitativa pertinentes às políticas públicas de formação continuada de professores no município de Curitiba no período 1996-2016, como se observa nos temas dessas atividades formativas e na grande variedade de cursos, palestras, fóruns e oficinas, alicerçados na área de humanas e relacionados a tecnologia, informática e internet, constitui um desafio da mantenedora a luta por uma formação de qualidade, com o objetivo de superar as dificuldades em face do baixo nível de aprendizado dos estudantes, em particular leitura e escrita.

Tal observação implica que se pense criticamente a responsabilidade social dos dirigentes educacionais na gestão da produção desse conhecimento, pois espera-se que, em face do investimento com recurso público na capacitação dos professores, tal empreendimento formativo contribua para a superação das desigualdades educacionais por meio da promoção e construção do saber na vida dos estudantes. No entanto, ao tratar da gestão do conhecimento, Ferreira e Bittencourt afirmam o seguinte:

> Pode-se definir gestão do conhecimento como tomada de decisões, organização, e desenvolvimento do pensamento racional que reflete fidedignamente o movimento real das transformações que se passam no exterior, físico e social com todas as contradições, a fim de produzir um conhecimento que se expressará em um produto comprometido com finalidades [...] [...] da empresa de captar, gerar, criar, analisar, traduzir, transformar, modelar, armazenar, disseminar, implantar,

e gerenciar a informação e transformar em conhecimento para aumentar a produtividade e a competitividade visando a qualidade total. (Ferreira; Bittencourt, 2008, p. 73-74).

O exposto na fala das autoras mostra-nos a hegemonia capitalista na produção, na distribuição e no controle do conhecimento. Nesse sentido, a gestão do conhecimento por parte dos gerentes das secretarias de educação, núcleos regionais e diretores de escolas é de cunho liberal, cuja capacitação profissional oferecida pelo município está centrada na relação com a lógica globalizante do mercado no aspecto quantitativo e ancorada nos resultados das políticas educacionais municipais, como o Plano Municipal de Educação de Curitiba.

Resultados e considerações finais

Os resultados desta pesquisa, de abordagem qualitativa, mostram-nos a ineficiência de uma política pública de promoção e valorização nas ações formativas propostas pela Secretaria Municipal da Educação de Curitiba, cujo aperfeiçoamento profissional continuado não tem alcançado a superação do analfabetismo dos estudantes até o terceiro ano, agravando a progressão da aprendizagem na etapa seguinte da vida da criança no ensino fundamental II a cargo do governo do Estado; desse modo, aumentando a distorção idade/série. Consequentemente, como efeito progressivo, tem-se o baixo aprendizado, a reprovação, a evasão escolar, por fim, aumentando as desigualdades sociais.

O diálogo com autores como Ferreira e Bittencourt (2008), Gatti (2010), Romanowski e Martins (2010), Souza (2014), entre outros, levou-nos a concluir que a qualidade que se busca construir na educação dos estudantes no município de Curitiba não está diretamente relacionada à quantidade de vagas oferecidas nos cursos, oficinas, seminários, pois tais melhorias, no processo de ensino-aprendizagem dos estudantes, estão atreladas a outras questões de ordem social, política e econômica, tais como salário, saúde do servidor, condições de trabalho, jornada de trabalho, e, na maioria das vezes, nem mesmo a melhor formação continuada de professores é capaz de superar tais problemas.

No transcorrer da pesquisa, em análise aos temas propostos nos programas oferecidos para a formação continuada docente, procuramos construir uma posição crítica ao apontarmos contradições por meio dos resultados da "ANA – Avaliação Nacional da Alfabetização do ano de 2016"

(Angeli; Fontana, 2020) do município de Curitiba, que nos permitiu apresentar o descompasso entre a formação que se oferecia nos cursos e as situações de fracasso escolar dos estudantes. Isto é, o baixo aprendizado das crianças não é somente um problema de solução prática da realidade pragmática, pois, se assim fosse, o automatismo da excessiva oferta de cursos oferecidos pela prefeitura de Curitiba permitiria o avanço qualitativo na educação dos estudantes.

Por fim, reiteradamente, observamos a frágil preparação teórico-prática por parte dos formadores no desenvolvimento profissional sobre a aprendizagem dos professores, que, submetidos às referidas diretrizes econômicas do mundo capitalista globalizado, tem a sua capacidade de argumentação e de crítica exaurida, de modo que ficam impossibilitados de construir mudanças em si mesmos e no campo da educação em que estão inseridos.

Portanto, é isso que nos faz questionar os resultados que se esperam das políticas de formação continuada de professores em Curitiba, tal como as expectativas de aprendizagem dos estudantes, tendo em vista que, nesse processo de ensino-aprendizagem, concluímos que o professor é mais um executor de tarefas propostas pelos objetivos instrucionais dos treinamentos gerenciais, em vez de ser um sujeito de práxis, liberto e criativo na construção de uma realidade educativa.

Referências

AGUIAR, M. Â. Desenvolvimento com igualdade social, educação e gestão escolar: notas para um debate. *In*: FERREIRA, N. S. C. (org.). **Políticas públicas e gestão da educação**: polêmicas, fundamentos e análises. Brasília: Liber Livro Editora, 2011. p. 127-148.

ALVARADO-PRADA, L. E.; CAMPOS FREITAS, T.; FREITAS, C. A. Formação continuada de professores: alguns conceitos, interesses, necessidades e propostas. **Revista Diálogo Educacional**, Curitiba, v. 10, n. 30, p. 367-387, maio/ago. 2010.

ANGELI, R. A Avaliação Nacional de Alfabetização: indagações sobre os resultados nas escolas municipais de Curitiba. *In*: REUNIÃO CIENTÍFICA REGIONAL DA ANPED, 12., 23 a 26 de julho de 2018, Porto Alegre. **Anais** […]. Porto Alegre: ANPEd-Sul, 2018. Não paginada.

ANGELI, R.; FONTANA, M. I. Avaliação Nacional da Alfabetização (ANA) e as repercussões político-pedagógicas na rede municipal de ensino de Curitiba/PR. **Olhar de Professor**, [s. l.], v. 23, p. 1-17, 2020.

ARROYO, M. G. Indagações sobre currículo: educandos e educadores: seus direitos e o currículo. *In*: ARROYO, M. G. *et al.* (org.). **Organização do documento**. Brasília: Ministério da Educação, Secretaria de Educação Básica, 2007.

CURITIBA. **Lei nº 14.681 de 24 de junho de 2015**. Aprova o Plano Municipal de Educação – PME, da cidade de Curitiba. [Curitiba: Prefeitura Municipal], 2015. Disponível em: https://mid-educacao.curitiba.pr.gov.br/2015/6/pdf/00073422.pdf. Acesso em: 23 fev. 2024.

FERREIRA, N. S. C.; BITTENCOURT, A. B. Formação humana e gestão da educação: a arte de pensar ameaçada. *In*: FERREIRA, N. S. C. (org.). **Formação humana, práxis e gestão do conhecimento**. São Paulo: Cortez, 2008. p. 51-82.

GATTI, B. Formação de professores no Brasil: características e problemas. **Educ. Soc.**, Campinas, v. 31, n. 113, p. 1.355-1.379, out./dez. 2010.

INSTITUTO NACIONAL DE ESTUDOS E PESQUISAS EDUCACIONAIS ANÍSIO TEIXEIRA (INEP). **Avaliação Nacional da Alfabetização ANA – documento básico, edição 2016**. Brasília: Inep, 2017.

KOSIK, K. **Dialética do concreto**. 7. ed. Tradução de Célia Neves e Alderico Toribio. São Paulo: Paz e Terra, 2002.

ROMANOWSKI, J. P.; MARTINS, P. L. O. Formação continuada: contribuições para o desenvolvimento profissional dos professores. **Revista Diálogo Educacional**, Curitiba, v. 10, n. 30, p. 285-300, maio/ago. 2010.

SÁNCHEZ-VÁSQUEZ, A. **Filosofia da práxis**. 2. ed. Rio de Janeiro: Paz e Terra, 1977.

SAVIANI, D. Formação de professores: aspectos históricos e teóricos do professor no contexto brasileiro. **Revista Brasileira de Educação**, [s. l.], v. 14, n. 40, p. 143-155, jan./abr. 2009.

SOUZA, J. V. A. Dimensão normativa e desafios atuais dos cursos de licenciatura. *In*: SOUZA, J. V. A.; OLIVEIRA, M. G.; DINIZ, M. (org.). **Formação de professores(as) e condição docente**. Belo Horizonte: Ed. da UFMG, 2014. p. 39-40.

VIEIRA, A. M. D. P.; PASSOS, E. R. A formação continuada de professores em Curitiba, no período 1996-2016, no contexto da globalização. **Revista Diálogo Educacional**, [s. l.], v. 22, n. 74, p. 1.382-1.409, 2022.

6

A (IN)VISIBILIDADE DAS POLÍTICAS DE FORMAÇÃO DE PROFESSORES PARA A EDUCAÇÃO PROFISSIONAL NA LEGISLAÇÃO BRASILEIRA

Diana Gurgel Pegorini

Maria Lourdes Gisi

O objetivo deste capítulo é retomar a discussão das políticas de formação de professores para a educação profissional técnica[8], com base nas novas diretrizes curriculares para a formação inicial e continuada de professores para a educação básica, tornando-as visíveis.

É importante destacar que, apesar de a Resolução CNE/CP 2, de 20 de dezembro de 2019, definir as Diretrizes Curriculares Nacionais para a Formação Inicial de Professores para a Educação Básica e instituir a Base Nacional Comum para a Formação Inicial de Professores da Educação Básica (BNC-Formação), ainda não se encontra em vigor em todo o território brasileiro, em especial nas universidades públicas federais (Brasil, 2019)

Há nessas universidades um movimento de resistência buscando a revogação dessa resolução, uma vez que a anterior, a Resolução CNE/CP 2, de 1º de julho de 2015, foi fruto de muita luta e discussão com as entidades que não só representam os professores, mas incluem inúmeros pesquisadores da área (Brasil, 2015)

As políticas de formação de professores (de forma semelhante ao restante da legislação nacional) não conseguem se materializar na prática. E, aparentemente, as novas Diretrizes Curriculares Nacionais para a Formação Inicial de Professores para a Educação Básica estão nesse contexto. Elas ainda não se materializaram nas universidades públicas federais. Há uma

---

[8] A parte histórica é um recorte da tese de doutorado em Educação de Pegorini, realizado na Pontifícia Universidade Católica do Paraná.

posição de espera por parte dos professores para verificar quais serão as medidas do novo governo. Enquanto isso, todas as entidades representativas dos professores pressionam por revogação ou mudanças na legislação. É preciso explicar os motivos da resistência dos professores e das entidades e organismos de classe da categoria. A Resolução CNE/CP 2/2019, conforme apontado por Giareta, Ziliani e Silva (2023, p. 3):

> [...] emerge como expressão pontual de uma agenda ampliada de reformismo curricular conduzida pelo Estado de forma disciplinada e obediente às relações hegemônicas em curso no Brasil, profundamente caracterizada, portanto, como espaço de disputa.

E, como espaço de disputa, o governo[9] Temer pressionava

> [...] pela imposição de políticas, como a reforma do Ensino Médio, via Medida Provisória, regulamentada pela Lei nº 13.415, de 16 de fevereiro de 2017 [...] com incidência direta sobre a política de formação de professores. (Giareta; Ziliani; Silva, 2023, p. 3).

Giareta, Ziliani e Silva (2023, p. 3) apontam que ocorreu até

> [...] alteração da composição do CNE e do formato das consultas públicas, para garantir a aprovação da proposta indicada como versão final, pela homologação da Resolução CNE/CP nº2, de 22 de dezembro de 2017.

O que está em jogo nessa disputa é garantir conquistas, uma vez que:

> [...] as novas diretrizes curriculares articuladas à BNC-Formação, vinculando a formação de professores ao escopo da política curricular expressa na BNCC, incide, até mesmo, sobre as conquistas constitucionais para a política de formação de professores. Isso se dá tanto pela descaracterização da autonomia didático científica da universidade brasileira, vendo-se obrigada a moldar seus projetos de formação a partir de diretrizes centralizadas e externas, quanto pelo disciplinamento da pedagogia com fluxo na universidade, como formação que articula de forma indissociável o ensino, a pesquisa e a extensão, disciplinando o acesso à cultura científica e a formação intelectual do professor na universidade. (Giareta; Ziliani; Silva, 2023, p. 3).

---

[9] Aqui estamos nos referindo especificamente ao governo do então presidente Michel Miguel Elias Temer Lulia, que governou de 31 de agosto de 2016 a 31 de dezembro de 2018, período em que ocorreu a reforma do ensino médio.

E há ainda inúmeros outros motivos para a resistência dos professores, conforme documento intitulado Movimento Revoga BNC-Formação, acampado, liderado e assinado pelas principais entidades de classe. São estes os principais motivos apresentados:

> [...] a) a imposição da ultrapassada Pedagogia das Competências e Habilidades que preconiza uma concepção pragmática e reducionista de formação e de docência, centrada em processos de (de)formação com ênfase na padronização, centralização e controle, ferindo os princípios da pluralidade de concepções e a autonomia didático-científica das Universidades, presentes em nossa Constituição Federal de 1988 e na Lei 9.394/96; b) a redução do magistério a simples função de tarefeiros e instrutores, induzindo à alienação da categoria e ao expurgo da função social da escola e da formação, como a BNCC e a Reforma do Ensino médio propugnam, impossibilitando a construção de projetos formativos próprios e criativos, e esvaziando de significado a formação de crianças, adolescentes, jovens, e pessoas adultas e idosas na escola e de professores/as nos cursos de licenciatura; c) a secundarização do processo de construção do conhecimento pedagógico e científico e sua socialização, a articulação teoria-prática e a sólida formação teórica e interdisciplinar, ferindo o necessário equilíbrio curricular. Esse modelo impõe uma distribuição de carga horária e tempo e um percurso formativo uniforme, em clara inversão epistemológica; d) a desconsideração da autonomia das IES e de seus Colegiados de Curso na definição da concepção, sequência e ordenação dos conteúdos curriculares necessários à formação. (MOVIMENTO..., 2023, p. 2).

É importante evidenciar que esse movimento de resistência e busca de diálogo também só é possível neste novo governo, uma vez que, nos dois últimos governos, nem sequer havia espaço para o diálogo, a exemplo da Base Nacional Comum Curricular (BNCC)-Reforma do Ensino Médio, que foi aprovada via Medida Provisória 746/2016 (Brasil, 2016).

Contextualização histórica da formação de professores e das políticas de educação profissional técnica de nível médio

Apresentaremos aqui a síntese dos acontecimentos históricos do Brasil, desde o período colonial, relacionados à educação profissional do Brasil; e, assim, acreditamos ser possível desvelar a trajetória histórica dessas políticas para a educação profissional e para a formação docente para atuar nesse nível de ensino. Iniciaremos essa tarefa pelo quadro a seguir:

Quadro 1 – Aspectos históricos da educação profissional no Brasil: 1500 a 1749

Período	Fatos e acontecimentos históricos
Colonial: Trabalho	Os primeiros portugueses, atraídos pela possibilidade de enriquecimento rápido, estabeleceram-se em grandes propriedades para o cultivo da cana de açúcar. Essas terras necessitavam de muitos trabalhadores. Assim, durante três séculos, predominou no país o trabalho escravo. Havia remuneração monetária para o trabalho, apesar de muito restrita (Kok, 1997; Lago, 2014[10]).
Colonial: Educação	De 1500 a 1549, nada foi oferecido em termos de educação oficialmente. O que predominou foi a transmissão do uso das poucas ferramentas e tecnologias existentes nas rudimentares oficinas das fazendas, próximas das casas-grandes. Em 1549, com a chegada dos jesuítas, a educação passa a ser ofertada e é utilizada no processo de colonização como importante ferramenta para a aculturação.

Fonte: as autoras, com base em Pegorini (2018, p. 47-57)

O ensino jesuítico trouxe como consequência, segundo Pegorini (2018, p. 61), "a decomposição do processo de trabalho, sua divisão e o surgimento de trabalhadores especializados, características próprias das manufaturas na escola". Apesar disso, não há como negar a relevância dos jesuítas e da educação jesuítica para o país. Com a expulsão dos jesuítas em 1759 pelo Marquês de Pombal[11], o sistema educacional brasileiro simplesmente desapareceu. A substituição dos professores jesuítas mostrou-se na sequência uma tarefa bastante complexa e difícil. Naturalmente, não é possível formar professores de um dia para outro. Aqui se iniciam as dificuldades do país em pensar e oferecer formação para os professores brasileiros. Havia dois grandes problemas a serem enfrentados: 1) tempo (era necessário formar professores em caráter de urgência, uma vez que a oferta educacional foi interrompida com o fechamento das escolas) e 2) recursos financeiros, uma vez que a coroa alegava não ter dinheiro para destinar à área.

Problemas esses que parecem ser crônicos e muito atuais, uma vez que, passados cinco séculos, a formação de professores segue sendo pensada

---

[10] Citadas por Pegorini.
[11] O seu nome era Sebastião José de Carvalho e Melo, mas era mais conhecido pelo seu título de nobreza, Marquês de Pombal.

e gerida em caráter de emergência (não é pensada em longo prazo, de forma integral, e ainda necessita formar professores que atuam sem a qualificação mínima recomendada). Com relação à falta de recursos, Pegorini (2018, p. 69) afirma que esse problema "parece ser um mal que acomete o Brasil desde o período colonial [...]. As escolas padeceram e padecem com estrutura ruim, professores mal remunerados".

Com a vinda da família real em 1808 ao Brasil, foram criados vários cursos organizados, nos moldes das aulas régias. É no fim do século VIII e início do século XIX[12] que ocorre o processo de transição do trabalho escravo para o trabalho livre. Apesar disso, mesmo com a abolição da escravidão em 1888, as desigualdades sociais foram mantidas. Característica essa bastante marcante na história e evolução do Brasil: tudo permanece igual, apesar de inúmeras mudanças.

A educação no século XIX dá os seus primeiros passos: aberturas de escolas (liceus) ainda em números muito pequenos e em poucas cidades, concentradas em maior número na capital do Império, no Rio de Janeiro. Apenas em 1860 as mulheres tiveram acesso ao ensino.

É no século XX que ocorre a formação da classe operária brasileira com o advento da industrialização. Tal fenômeno trouxe a redução do valor da força de trabalho (a força muscular foi substituída pela vigilância e flexibilidade manual); e, como consequência, houve a entrada de mulheres e crianças[13] para o mercado de trabalho; a intensificação do trabalho em função dos novos ritmos impostos pelas máquinas; a divisão das tarefas com diferenciação de funções; longas e exaustivas jornadas de trabalho, quase sempre com processos laborais danosos à saúde do trabalhador; condições precárias no ambiente de trabalho etc.

Em 1943, a Consolidação das Leis do Trabalho (CLT) é aprovada. O direito[14] à greve e à estabilidade no emprego com direito à indenização ao trabalhador dispensado só seriam concedidos na Constituição Federal (CF) de 1946. É nesse contexto que o ensino profissional foi visto, segundo Cunha (2000, p. 94), "como um antídoto contra a 'inoculação de ideias exóticas' no proletariado brasileiro". Isso explica a criação do que viria a

---

[12] A Lei 601, de 18 de setembro de 1850, que dispõe sobre as normas do direito agrário, é considerada a primeira lei trabalhista do país (Brasil, 1850).

[13] O Decreto 1.313, de 17 de janeiro de 1891, regularizou o trabalho dos menores empregados nas fábricas da capital federal (Brasil, 1891).

[14] Mesmo sem o direito a greve, as greves foram muitas e bem articuladas, com os trabalhadores lutando pelo estabelecimento das oito horas de trabalho diário, por exemplo.

ser o Sistema S[15], por parte dos industriais. E o governo cria 19 escolas de aprendizes e artífices.

Claramente, vê-se que a tensão e a disputa pela formação da classe trabalhadora assumem contornos visíveis e distintos: Sistema S e Rede Federal de Educação Profissional[16]. Tensão e disputa que segue até os dias atuais. São dois sistemas de ensino assentados sobre pilares distintos: o Sistema S, sob a inspiração taylorista-fordista (apontada como educação do capital) defende uma educação formal, parcelada, fragmentada, imediatista, interesseira de formação humana, aligeirada (curta duração), enxuta (esvaziamento dos conteúdos) e flexível aos ditames do mercado de trabalho, buscando criar um trabalhador dócil, submisso, alienado, ágil e flexível. É aqui que se insere e se justifica a "pedagogia das competências e habilidades".

Naturalmente que a evolução da nossa história e os contextos em que os fatos ocorreram nos deixaria marcas profundas e influenciariam as políticas de educação profissional técnica de nível médio e, em consequência, a formação de professores.

Quadro 2 - Políticas da educação profissional e formação docente: Primeira República (1889-1930)

Documento	Síntese
Decreto 407, de 17 maio 1890	Regulamento da Escola Normal da Capital Federal que tratava da formação de professores, com estabelecimento do currículo do curso para ingresso na profissão, regime das aulas, corpo docente etc. Estabeleceu-se a formação mínima para atuar como professor primário.
Decreto 981, de 8 nov. 1890	Ficou conhecida como Reforma Benjamin Constant. Reforma dos ensinos primário e secundário do Distrito Federal, sendo referência para os demais estados. Com relação à formação docente, estabelecia a necessidade de pelo menos uma escola primária-modelo anexa às escolas normais.

---

[15] Surgiu no Liceu de Artes em Mecânica em São Paulo e expandiu-se no Centro de Formação e Seleção Profissional de São Paulo, embrião da pedagogia do Sistema S (LIMA *et al.*, 2016).

[16] A Rede Federal de Educação Profissional foi criada em 1909 como Escolas de Aprendizes Artífices no Brasil. Em 1918, surgiu o nome Fazenda Modelo; em 1937, alterou-se para Liceus Industriais; em 1942, Escolas Técnicas; na década de 1960, foi criado o Ginásio Agrícola e a Escola Agrícola. Esta última se transformou em Colégio Agrícola em 1972; em 1978, a Rede Federal mudou de nome e transformou-se em Centros Federais de Educação Tecnológica (Cefet); em 1979, os Colégios Agrícolas foram transformados em Escolas Agrotécnicas Federais; em 2005 o Cefet/PR foi transformado na primeira Universidade Tecnológica Federal do Paraná (UTFPR); e, por último, em 2008, a Rede Federal de Educação Profissional criou os Institutos Federais de Educação, Ciência e Tecnologia (Brasil, 2011).

Documento	Síntese
Decreto 3.890, de 1º jan. 1901	Ficou conhecida como Reforma Epitácio Pessoa. Tratava da aprovação do Código dos Institutos Oficiais de Ensino Superior e ensino secundário, garantindo a preparação dos alunos no ensino secundário para o ensino superior. Restaurou os cursos livres, oferecendo-os em estabelecimentos de ensino oficiais.
Decreto 7.566, de 23 set. 1909	Criação das Escolas de Aprendizes Artífices. Foram 19 escolas, sendo 18 nas capitais dos estados brasileiros e 1 na cidade de Campos, cidade natal do presidente Nilo Peçanha. Por isso, ele passa a ser conhecido como o fundador do ensino profissional no país.
Decreto 8.659, de 5 abr. 1911 (Lei Orgânica Rivadavia Corrêa)	Reforma Rivadávia Corrêa. Concedeu autonomia didática e administrativa aos institutos de ensino superior e fundamental. Estabeleceu a desobrigação da conclusão do ensino secundário para o ingresso no ensino superior e, com isso, extinguiu o ensino livre, mas o seu princípio não. Regulamentou a livre-docência[17].
Decreto 11.530, de 18 mar. 1915	Reforma Carlos Maximiliano. Buscou reorganizar o ensino secundário e o superior. Manteve a autonomia didática e administrativa aos institutos escolares e maximizou a livre-docência com a indicação de provas para a habilitação ao trabalho docente sem formação. Criação do vestibular.
Decreto 16.782 A, de 13 jan. 1925	Conhecida por Lei Rocha Vaz. Estabeleceu que a União é responsável pelo ensino primário, organizou o Departamento Nacional do Ensino e reformou o ensino secundário e o superior. Obrigou a inclusão da disciplina Moral e Cívica no ensino elementar e secundário.

Fonte: as autoras, com base em Pegorini (2018, p. 109-123)

Entre 1920 e 1931, muitas reformas educacionais[18] foram realizadas nos estados brasileiros. Citamos as mais importantes: Reforma de Sampaio Dória, em São Paulo, em 1920; Reforma de Lourenço Filho, no Ceará, entre 1922 e 1923; reforma de Carneiro Leão, no Rio de Janeiro, entre 1922 e 1926, e em Pernambuco, no período de 1928 a 1930; Reforma de Anísio Teixeira[19], na Bahia, em 1924; Reforma de Fernando de Azevedo, no Dis-

---

[17] Consistia na autorização de que pessoas estranhas ao ambiente escolar (não licenciadas) pudessem ministrar aulas e/ou cursos com base em notório saber, mas a dificuldade em aferir esse saber de forma objetiva é alta. A experiência não foi bem-sucedida naquela época. O curioso é que, apesar disso, está previsto na BNCC a contratação de pessoas com notório saber. É uma repetição do passado, ainda que a experiência não tenha tido êxito.

[18] Com as reformas, os estados aderiram ao escolanovismo dos educadores responsáveis pela reforma.

[19] Como aluno de John Dewey, grande idealizador do movimento da Escola Nova nos EUA, foi grande inspirador desse movimento no país.

trito Federal, Rio de Janeiro, então capital da República, de 1927 a 1931; Reforma de José Augusto Bezerra de Menezes no Rio Grande do Norte, no período de 1925 a 1928; Reforma de Lisímaco Costa, no Paraná, entre os anos de 1927 a 1928; Reforma de Francisco Campos, em Minas Gerais, no período de 1927 a 1928 (Pegorini, 2018).

Quadro 3 – Políticas da educação profissional e formação docente: Era Vargas (1930-1945)

Documento(s)	Síntese
Decretos 19.850, 19.851 e 19.852, de 11 abr. 1931. Decretos 19.890, de 18 abr. 1931; 19.941, de 30 abr. 1931; e Decreto 20.158, de 30 jun. 1931.	Reforma Francisco Campos. Criação do Conselho Nacional de Educação (CNE)[20]; adotou o regime universitário para o ensino superior; organização do ensino secundário; restabeleceu o ensino religioso nas escolas públicas; e organizou o ensino comercial.
CF de 1934	Estabeleceu que a União teria a incumbência de fixar o Plano Nacional de Educação (PNE), organizar e manter sistemas educativos.
CF de 1937	Garante o ensino pré-vocacional profissional para as classes menos favorecidas; as indústrias[21] e os sindicatos tinham a obrigatoriedade de criar escolas de aprendizes destinadas aos filhos dos trabalhadores; defendia o ensino primário obrigatório e gratuito[22] etc. A CF passa a abordar a formação do trabalhador brasileiro.
Art. 37 da Lei 378/1937	Transformou a Escola Normal de Artes e Ofícios Wenceslau Braz e as escolas de aprendizes artífices em liceus, destinados ao ensino profissional, para todos os ramos e graus.

Fonte: as autoras, com base em Pegorini (2018, p. 126-133)

A Reforma Capanema, de 1942 a 1943, foi responsável por inúmeras ações: criação do Serviço Nacional de Aprendizagem Industrial (Senai),

---

[20] Posteriormente foi extinto, transformou-se em Conselho Federal de Educação (CFE.) e novamente em CNE.
[21] Em detrimento dessa exigência, em 1942 foi criado o Serviço Nacional de Aprendizagem Industrial (Senai).
[22] Não obstante, permitiu a cobrança de contribuição mensal para a escola.

organização do ensino industrial em dois ciclos (cursos ordinários ou de formação profissional e cursos extraordinários ou de qualificação). Organização do ensino secundário em dois ciclos: ginasial com quatro anos e o colegial com três anos. Assegurou a articulação do ginasial com o ensino primário e do colegial com o ensino superior. Reformulação do ensino comercial como ensino de segundo grau. Inicialmente (ainda no período Vargas), foi pensada apenas para o ramo industrial e depois abrangeu outros ramos e graus de ensino, no período da Segunda República (1945-1964). O conjunto dessas reformas, tanto do período ditatorial do Governo Vargas como do ano seguinte, após a queda de Vargas (com o fim do Estado Novo em 1946), ficou conhecido como Leis Orgânicas do Ensino (Pegorini, 2018).

Dando continuidade à Reforma Capanema, em 1946, foi possível: organizar o ensino primário em nível nacional; organizar o ensino normal; criar o Serviço Nacional de Aprendizagem Comercial (Senac) e organizar o ensino agrícola, que era destinado à preparação profissional dos trabalhadores da agricultura. Com relação à formação docente, o Decreto-Lei 9.613/1946 apresenta a necessidade e a exigência de formação específica no ensino técnico agrícola, indicando os cursos que deveriam ser realizados para cumprimento da formação docente.

A Reforma Capanema organizou, pela primeira vez no país, o ensino técnico-profissional, mas também legitimou as propostas dualistas: uma escola para formar a classe dirigente, via ensino secundário; e outra para formar trabalhadores, via cursos técnico-profissionais. A dificuldade de acesso ao ensino superior por meio do ensino profissional aumentou o caráter discriminatório em relação a este (Pegorini, 2018).

Foi na década de 1950 que ocorreu a tentativa de quebrar a dualidade do sistema de ensino, garantindo a equivalência entre os dois tipos de ensino e reduzindo o caráter específico de cada um (Cury *et al.*, 1982). Em 1959, o ensino industrial sofreu nova organização escolar e administrativa. A Lei 3.552/1959 até menciona o corpo docente, ao tratar da forma e do prazo máximo de contratação, mas nada é abordado sobre a sua formação. Com a expansão deste nível de ensino, há a aprovação do Regulamento do Ensino Industrial, culminando na criação da Rede Federal de Ensino Técnico ainda em 1959 (Pegorini, 2018).

Com a Lei de Diretrizes e Bases (LDB) de 1961, o ensino profissional teve completa equivalência com o curso secundário, possibilitando a continuidade dos estudos com acesso ao ensino superior, apesar de a estrutura tradicional do ensino ter sido mantida. Todos os esforços na década de 1960 foram para capacitar os trabalhadores brasileiros, pois houve um aumento na demanda por educação em função do desenvolvimento econômico experimentado no país pelo ingresso do capital norte-americano (Pegorini, 2018).

No período de 1964-1985, no regime militar, ocorreu a ampliação do ensino obrigatório para oito anos, ainda que pese o arrocho nos salários dos professores, o aumento na evasão e na repetência escolar. Houve também a ampliação da Rede Federal de estabelecimentos de ensino, a criação das escolas agrícolas federais e a criação do Fundo Nacional do Desenvolvimento da Educação (FNDE) para financiar o ensino e a pesquisa. Apenas em 1969, para a formação docente do ensino profissional, foi criado o Centro Nacional de Aperfeiçoamento para a Formação Profissional (Cenafor), cuja incumbência seria preparar e aperfeiçoar os docentes, os técnicos e os especialistas desse nível de ensino. E em 1971, com a reforma do primeiro e do segundo grau, a separação da escola secundária e da escola técnica acabou. É importante evidenciar como o ensino técnico, destinado à classe trabalhadora, sempre esteve marcado sob o signo do trabalho manual historicamente desvalorizado e da baixa remuneração (Brasil, 1971).

A formação dos professores foi atendida por meio da Lei 5.692/1971 (revogada pela Lei 9.394/1996), que estabelecia formação mínima para o exercício do magistério. Em 1978, foram criados os Centros Federais de Educação Tecnológica, que passaram a ofertar cursos técnicos, de graduação e de pós-graduação para a formação de engenheiros industriais, tecnólogos e professores do segundo grau. Na Lei 6.454/1978, foi manifestada a preocupação com a formação de professores para ministrar as disciplinas específicas do ensino técnico e tecnológico. Em 1982, com a Lei 7.044, as políticas mudam o seu objetivo em relação à formação do trabalhador. Agora a ênfase é dada ao preparo para o trabalho, e não mais para qualificar o trabalhador (Pegorini, 2018).

A partir de 1985, com o fim do regime militar, inicia-se um ciclo de grandes e profundas mudanças na educação, tomando vulto a partir da década de 1990. Estabelece-se naquele ano a educação rural e as periferias urbanas como prioridades para a educação, com a expansão de vagas para a população de baixa renda de 7 a 14 anos. Em 1986, o Movimento Brasileiro de Alfabetização (Mobral) foi substituído pela Fundação Educar, capacitando professores leigos do ensino fundamental. Ademais, foi criado o Programa de Qualificação Profissional para o Magistério e o Programa de Expansão e Melhoria do Ensino Técnico (Protec). Em 1987, buscou-se estruturar e regulamentar a carreira do magistério municipal. Em 1988, ano da atual CF, os esforços foram para a erradicação do analfabetismo, o desenvolvimento da pré-escola e a reforma de 18 escolas técnicas.

Sob os efeitos do documento do Consenso de Washington[23], a década de 1990 inicia-se sob forte influência de organismos[24] internacionais. A educação brasileira sofre inúmeras reformas para atender aos ditames e às exigências internacionais. Para a educação profissional, é o Banco Mundial quem vem subsidiando e traçando as diretrizes, as normas e os rumos que este nível de ensino deve seguir, conforme Oliveira (2003). Entre várias orientações, consta: a educação profissional deve ser excluída do sistema de educação regular; por isso, em nosso país, ela é uma modalidade especial. Ainda alinhada às "recomendações" internacionais, no período de 1995 a 2017, a educação profissional de nível médio foi objeto de inúmeras e diferentes regulamentações para organizar a oferta em território nacional. Podemos citar as seguintes ações governamentais: a criação dos Institutos Federais de Educação, Ciência e Tecnologia, cuja responsabilidade é a educação profissional e tecnológica; o Programa Nacional de Acesso ao Ensino Técnico e Emprego (Pronatec) e da Rede E-Tec Brasil para dar suporte ao programa; e o Sistema de Seleção da Educação Profissional e Tecnológica (Sisutec).

No século XXI, a classe trabalhadora segue trabalhando em condições ainda mais difíceis; a desigualdade social assola e aumenta progressivamente entre ricos e pobres em função do desemprego, subemprego; e, recentemente, contribuiu para isso a covid-19; as conquistas de direitos trabalhistas[25] são flexibilizadas; a legislação acerca do trabalho escravo[26] é alterada em claro retrocesso; e alteram-se as leis da previdência social, aumentando o tempo de contribuição e de idade para o trabalhador se aposentar.

---

[23] Documento resultante de reunião que ocorreu nos EUA, em 1989, onde foi avaliada a proposta neoliberal empreendida pelo governo norte-americano para os países da América Latina, buscando um consenso em torno do ideário neoliberal.

[24] Citaremos alguns deles aqui: Organização Internacional do Trabalho (OIT); Organização das Nações Unidas para a Educação, a Ciência e a Cultura (Unesco); Programa das Nações Unidas para o Desenvolvimento (Pnud); Banco Mundial, entre outros. Para estudo das propostas dos organismos internacionais para a América Latina, sugere-se consultar Pegorini (2018, p. 148-150).

[25] Aqui fazemos referência à criação do trabalho intermitente, prevista na Lei 13.467/2017 (Brasil, 2017a).

[26] Portaria 1.129/2017, que alterou a conceituação de trabalho escravo. Foi suspensa pelo Supremo Tribunal de Justiça (STF) por violar a CF e acordos internacionais celebrados pelo Brasil (Brasil, 2017b).

Na educação, o século XXI apresenta-se, pelo menos no seu início, como grande desafio e lugar de lutas e embates constantes. O volume de reformas para a área, iniciada com a Reforma do Ensino Médio em 2016, e a forma antidemocrática como elas aconteceram chamam muito atenção. E, na sequência, a proposição das Diretrizes Curriculares Nacionais (DCNs) para a Formação Inicial de Professores para a Educação Básica e da Base Nacional Comum para a Formação Inicial de Professores da Educação Básica em 2019, sem nenhuma consulta ou debate com a sociedade.

Formação de professores para a educação profissional técnica de nível médio

Nunca se falou tanto em formação de professores como na atualidade. Mesmo nos inúmeros documentos normativos existentes do governo federal, em que não há nenhum consenso de como formar os professores, nem sequer clareza do que se pretende com a formação de professores para a educação básica com a envergadura de um país de tamanho continental como o nosso, é consenso a importância da formação de professores para a educação.

Mesmo sem consenso para se pensar na formação de professores, os marcos normativos para a sua construção foram: CF (1998); LDB[27] (1996), que organiza a educação básica brasileira; Fundo de Manutenção e Desenvolvimento da Educação Básica e Valorização dos Profissionais da Educação (Fundeb); Piso Nacional Salarial para os professores; o Plano Nacional de Educação (2014-2024); BNCC (2016), até culminar na proposição das DCNs para a Formação Inicial de Professores para a Educação Básica e da BNC-Formação (2019). Com relação à BNCC, interessa-nos aqui o itinerário formativo referente à formação técnica e profissional.

A Resolução CNE/CEB 6/2012 (Brasil, 2012), com base no parecer CNE/CEB 37/2002 (Brasil, 2002), indicava os percursos possíveis para a formação inicial do professor para atuar na educação profissional em nível médio:

> a) Formação em curso técnico mais graduação em pedagogia ou em qualquer outro curso de licenciatura; b) Bacharelado fora da área de atuação mais na área de atuação mais cursando programa especial de formação pedagógica; c) Bacharelado

---

[27] A educação profissional foi incluída como nível escolar a partir de 2008, com a Lei 11.741.

mais pós-graduação na área pedagógica (metodologia do ensino superior); e, d) Licenciatura mais cursos e estágios relacionados à área de docência mais experiência profissional como docente. (Brasil, 2002).

Para a educação profissional, o corpo docente é composto por profissionais das áreas técnicas sem formação didático-pedagógica. Há uma predominância dos professores-bacharéis[28]. Para esses profissionais, a Resolução CNE/CP 2/2019 prescreve **agora** para os graduados não licenciados o seguinte percurso:

> [...] carga horária básica de 760 (setecentas e sessenta) horas com a forma e a seguinte distribuição: I - Grupo I: 360 (trezentas e sessenta) horas para o desenvolvimento das competências profissionais integradas às três dimensões constantes da BNC-Formação, instituída por esta Resolução. II - Grupo II: 400 (quatrocentas) horas para a prática pedagógica na área ou no componente curricular. (Brasil, 2019, p. 10).

E "o curso de formação pedagógica para graduados não licenciados poderá ser ofertado por Instituição de Educação Superior desde que ministre curso de licenciatura" (Brasil, 2019, p. 10).

O que está em jogo nessas discussões é: qual formação queremos e com qual concepção para os professores brasileiros? Em arenas e terrenos com disputas cada vez mais acirradas, o governo federal, uma vez mais, sem consultar os principais interessados no assunto, impôs um modelo de formação: formação de professores que busca deslocar o trabalho do professor de intelectual, pensador e reflexivo para "mero tarefeiro". É a redução dos quatro pilares da educação (aprender a conhecer, aprender a fazer, aprender a viver juntos e aprender a ser), preconizados por Jacques Delors *et al.* (1998), ao simples aprender a fazer, para atender aos ditames do mercado de trabalho e assim possam, como meros reprodutores, transmitir tais conhecimentos aos seus alunos.

A adoção da pedagogia das competências e habilidades na formação de professores e em todo o sistema escolar brasileiro, bem como a fragmentação do ensino médio em itinerários formativos, só nos levará ao esvaziamento do conteúdo do nosso já combalido sistema educacional. Outra consequência esperada é a criação (ou devemos dizer "cristalização"?)

---

[28] Profissionais de áreas técnicas, graduados em cursos de bacharelado e, por este motivo, sem formação pedagógica para atuarem como professores na educação básica, como é o caso da educação profissional técnica de nível médio.

da dualidade da escola: uma para os dirigentes, que naturalmente terão a oportunidade de escolher entre os quatro percursos possíveis — linguagens e suas tecnologias, matemática e suas tecnologias, ciências da natureza e suas tecnologias e ciências humanas e sociais aplicadas —; e outra escola para a classe trabalhadora, que necessita ser rapidamente inserida no mercado de trabalho, para quem só restará seguir o itinerário da formação técnica e profissional.

Em relação às tentativas de formar trabalhadores conforme um rol de competências e habilidades no atual contexto, cabe mostrar que a Rede Federal de Educação Profissional se encontra de outro lado da trincheira, defendendo a escola unitária[29], promovendo uma formação humanizada, integral, desinteressada (como preconizado por Gramsci) e geral do educando, preparando-o para o mundo do trabalho e para o exercício de profissões técnicas e tecnológicas. Tem como missão atender de forma prioritária as camadas mais desfavorecidas e pobres da sociedade, ou seja, a classe trabalhadora. Busca forjar, antes de tudo, cidadãos e sujeitos de direitos, trabalhadores críticos e questionadores, agentes transformadores da sociedade, criativos, capazes e conscientes. A Rede Federal de Educação Profissional adota em grande medida a pedagogia histórico-crítica[30]. Trata-se de uma batalha ideológica em que cada grupo defende o seu modelo de formação para o trabalhador brasileiro. É neste contexto que se insere e se justifica o Movimento Revoga BNC-Formação.

Considerações finais

O governo federal em 2016, em tom prescritivo e abusando de sua retórica para convencimento da população, afirmava que o ensino médio oportunizaria aos alunos a liberdade de escolha do que estudar, afinal seria voltado para a vida. De qual vida estamos falando e com qual concepção? Tais afirmações não nos causam estranheza, uma vez que os políticos e burocratas não poderiam estar mais distantes dos destinatários da BNCC.

---

[29] Para Gramsci (1991, p. 33 *apud* Pegorini, 2018, p. 182), "significa escola única, elementar e média até o momento da preparação profissional do jovem como pessoa. E ainda escola única, de cultura geral, humanista, formativa em que haja equilíbrio entre a formação da capacidade de trabalhar manualmente e o desenvolvimento das capacidades de trabalho intelectual".

[30] Segundo Saviani (2012, p. 76), a concepção pressuposta pela pedagogia histórico-crítica "é o materialismo histórico, ou seja, a compreensão da história a partir do desenvolvimento material, da determinação das condições materiais da existência humana".

Em 2019, muda-se o personagem, mas as ações seguem na mesma linha, em clara posição de controle e atitude antidemocrática: excluem-se professores, profissionais da educação, sindicatos, alunos e a sociedade civil; adota-se um modelo de formação cuja ênfase é o fazer mecânico, repetitivo, destituído do pensar e da criatividade. A pedagogia das competências e das habilidades, agora revestida de novo discurso, é apresentada como nova resposta para todos os problemas da educação. Afinal, se a educação apresenta pífios resultados, o problema é que os professores não sabem ensinar e, para resolver isso, é preciso preparar melhor os futuros e os atuais professores.

A quem interessa insistir em usar a pedagogia das competências e das habilidades, a despeito dos resultados ruins nas avaliações nacionais (criadas pelo próprio sistema educacional brasileiro) e internacionais, quando ela vem se mostrando inadequada, ineficiente e ineficaz? Aqui usamos os mesmos termos "gerenciais" e bastante propagados na educação, facilmente compreendidos por todos de tão hegemônico que esse discurso se tornou. E por que culpabilizar os professores pelos resultados (fase final do processo), quando nem sequer somos chamados a participar das etapas iniciais de planejamento do processo de ensino e aprendizagem?

Falar da (in)visibilidade das políticas de formação de professores para a educação profissional na legislação brasileira é falar do desprestígio desse nível de formação pelas questões históricas apresentadas ao longo do artigo: horror ao trabalho manual em face do longo período que perdurou a escravidão; formação de professores historicamente pensada e gerida em caráter de emergência, afinal a educação nunca foi prioridade em nosso país, apesar de os discursos políticos afirmarem o contrário; infraestrutura ruim da qual as escolas públicas de modo geral padecem e, principalmente, desprestígio da carreira de professor em função da baixa remuneração. Como a educação profissional é destinada para os mais desfavorecidos, a formação de professores fica em segundo plano.

A formação pensada para os professores bacharéis, ainda que sob um viés ultrapassado e equivocado, poderá trazer algum resultado para a construção da identidade profissional desses profissionais e a superação da formação descontínua, desigual, diversa que caracteriza esse nível de ensino. Não há certezas quanto a isso, apenas um futuro incerto.

Referências

BRASIL. **Decreto nº 1.313, de 17 de janeiro de 1891**. Estabelece providencias para regularisar o trabalho dos menores empregados nas fabricas da Capital Federal. Rio de Janeiro: Governo Provisorio, 1891.

BRASIL. **Lei nº 601, de 18 de setembro de 1850**. Dispõe sobre as terras devolutas do Império. Rio de Janeiro: Secretaria de Estado dos Negocios do Imperio, 1850. Disponível em: https://www.planalto.gov.br/ccivil_03/leis/l0601-1850.htm#:~:text=LEI%20No%20601%2C%20DE,sem%20preenchimento%20das%20condi%C3%A7%C3%B5es%20legais. Acesso em: 23 fev. 2024.

BRASIL. **Lei nº 5.692, de 11 de agosto de 1971**. Diário Oficial da União. Seção 1 - 12/8/1971, Página 6377 (Publicação Original). Disponível em: https://www2.camara.leg.br/legin/fed/lei/1970-1979/lei-5692-11-agosto-1971-357752-publicacaooriginal-1-pl.html_03/leis/l5692.htm. Acesso em: 13 mar. 2024.

BRASIL. **Lei nº 13.467, de 13 de julho de 2017**. Altera a Consolidação das Leis do Trabalho (CLT), aprovada pelo Decreto-Lei nº 5.452, de 1º de maio de 1943, e as Leis nºs 6.019, de 3 de janeiro de 1974, 8.036, de 11 de maio de 1990, e 8.212, de 24 de julho de 1991, a fim de adequar a legislação às novas relações de trabalho. Brasília: Presidência da República, 2017a. Disponível em: https://www.planalto.gov.br/ccivil_03/_ato2015-2018/2017/lei/l13467.htm. Acesso em: 23 fev. 2024.

BRASIL. Medida Provisória nº 746, de 22 de setembro de 2016. Institui a Política de Fomento à Implementação de Escolas de Ensino Médio em Tempo Integral, altera a Lei nº 9.394, de 20 de dezembro de 1996, que estabelece as diretrizes e bases da educação nacional, e a Lei nº 11.494 de 20 de junho 2007, que regulamenta o Fundo de Manutenção e Desenvolvimento da Educação Básica e de Valorização dos Profissionais da Educação. **Diário Oficial da União**: seção 1, Brasília, ano 153, n. 184-A, p. 1, 23 set. 2016.

BRASIL. Ministério da Educação. Conselho Nacional de Educação. Conselho Pleno. **Resolução CNE/CP nº 2, de 1º de julho de 2015**. Define as Diretrizes Curriculares Nacionais para a formação inicial em nível superior (cursos de licenciatura, cursos de formação pedagógica para graduados e cursos de segunda licenciatura) e para a formação continuada. [Brasília]: MEC, 2015.

BRASIL. Ministério da Educação. Conselho Nacional de Educação. Conselho Pleno. **Resolução CNE/CP nº 2, de 20 de dezembro de 2019**. Define as Diretrizes Curriculares Nacionais para a Formação Inicial de Professores para a Educação

Básica e institui a Base Nacional Comum para a Formação Inicial de Professores da Educação Básica (BNC-Formação). [Brasília]: MEC, 2019.

BRASIL. Ministério da Educação. Conselho Nacional de Educação. Conselho Pleno. **Resolução nº 6, de 20 de setembro de 2012.** Define Diretrizes Curriculares Nacionais para a Educação Profissional Técnica de Nível Médio. [Brasília]: MEC, 2012.

BRASIL. Ministério da Educação. Conselho Nacional de Educação. **Parecer CNE/CEB 37/2002.** Brasília: MEC, 2002.

BRASIL. Ministério da Educação. Secretaria de Educação Básica. **Programa Ensino Médio Inovador**: documento orientador. Brasília: MEC, 2011.

BRASIL. Ministério do Trabalho. Portaria MTB nº 1129 de 13/10/2017. Dispõe sobre os conceitos de trabalho forçado, jornada exaustiva e condições análogas à de escravo para fins de concessão de seguro-desemprego ao trabalhador que vier a ser resgatado em fiscalização do Ministério do Trabalho, nos termos do artigo 2-C da Lei n 7998, de 11 de janeiro de 1990; bem como altera dispositivos da PI MTPS/MMIRDH Nº 4, de 11 de maio de 2016. [Brasília]: MTE, 2017b.

CUNHA, L. A. O ensino industrial-manufatureiro no Brasil. **Revista Brasileira de Educação**, Rio de Janeiro, n. 14, p. 89-107, ago. 2000.

CURY, C. R. J. et al. **A profissionalização do ensino na Lei nº 5.692/71**. Brasília: Inep, 1982.

DELORS, J. et al. **Educação**: um tesouro a descobrir: relatório para a Unesco da Comissão Internacional sobre Educação para o século XXI. Brasília: CNPq; IBICT; Unesco, 1998.

GIARETA, P. F.; ZILIANI, A. C. M.; SILVA, L. A. A BNC-Formação e a formação docente em cursos de licenciatura na Universidade Brasileira: a formação do professor intelectual em disputa. **Rev. Inter. Educ. Sup.**, Campinas, v. 9, p. 1-20, e023031, 2023.

LIMA, M. et al. O público e o privado na educação profissional: um estudo sobre a execução do Pronatec na rede federal e no Senai. **RBPAE**, Brasília, v. 32, n. 3, p. 871-885, set./dez. 2016.

MOVIMENTO Revoga BNC-Formação. **Frente nacional pela revogação das Resoluções CNE/CP 02/2019 e 01/2020 e pela retomada da implementação da Resolução CNE/CP 02/2015**. [S. l.: s. n.], 14 abr. 2023. Manifesto.

OLIVEIRA, M. A. M. **Políticas públicas para o ensino profissional**: o processo de desmantelamento dos Cefets. Campinas: Papirus, 2003. (Série Prática pedagógica).

PEGORINI, D. G. **Políticas de formação docente para a educação profissional técnica de nível médio**. 2018. Tese (Doutorado em Educação) – Pontifícia Universidade Católica do Paraná, Curitiba, 2018.

SAVIANI, D. **Pedagogia histórico-crítica**: primeiras aproximações. 11. ed. rev. 1. reimp. Campinas: Autores Associados, 2012. (Coleção Educação contemporânea).

7

A COMUNICAÇÃO EFETIVA COMO FERRAMENTA DA GESTÃO DEMOCRÁTICO-PARTICIPATIVA

Vanessa Rita Barazzetti

Introdução

O funcionamento da educação superior vem sendo muito discutido nos últimos tempos por pesquisadores, profissionais da área, órgãos governamentais e sociedade como um todo, pois a atenção disponibilizada a essa área passou a ser mercantilizada, visando o lucro acima de tudo, a quantidade de cursos e o número de universidades, faculdades e centros universitários abertos, deixando de lado seu aspecto fundamental, que é a qualidade, ou seja, o lado humano que deveria caracterizar a educação.

É este fator que acaba culminando em um dos maiores desafios da educação superior, dos docentes e dos gestores educacionais, pois como prosseguir na aplicação humanizada dos conhecimentos e na formação de profissionais e, acima de tudo, dos cidadãos, se o mundo do trabalho exige, na maioria das vezes, atitudes tecnicistas?

Esse entrave gera duas formas de trabalho seguidas pela educação superior de hoje: a segmentada e a ampla. As instituições que optam por segmentar de forma exagerada seus cursos acabam formando profissionais restritos a atuar em determinadas funções, sem terem a noção geral do papel que exercem na profissão escolhida.

Já as instituições que optam por ampliar demais os conhecimentos repassados sem ter o cuidado de também disponibilizar uma atenção às áreas específicas acabam por formar profissionais de uma forma superficial.

Para tentar amenizar todos esses conflitos existentes, o gestor educacional tem a importante função de ser o grande intermediário e apaziguador dessas situações para com os docentes. Pois, além de trabalhar com questões burocráticas, precisa gerenciar situações comportamentais e principalmente educacionais. É por este viés que a comunicação adequada pode ser um dos aspectos mais importantes e auxiliadores desse gestor.

É por meio de uma boa comunicação que um gestor cria um clima e/ou cultura organizacional adequada, aplica conceitos da inteligência emocional, motiva o público com o qual trabalha — neste caso, em específico, os professores —, e conquista um bom relacionamento interpessoal entre todos que de alguma forma atuam na instituição.

Funções da comunicação

Para que a mensagem, ou seja, a comunicação concretize e cumpra realmente a sua função, ela deve chegar até o receptor. A partir disso, o receptor pode ou não fazer interpretação exatamente da mesma forma como o emissor quis passar a informação, mas, independentemente disto, o processo de comunicação foi realizado.

> Uma mensagem ou informação não é comunicação senão de modo relativo. Primeiramente, ela é comunicação em relação àqueles que podem torná-la enquanto tal, isto é, não como coisa, mas como da ordem do simbólico. Como exemplo, tome-se a página de um livro. Para um animal, ou para uma pessoa analfabeta ou que não conheça o idioma utilizado (código), a página não é senão uma coisa, um objeto, não chegando absolutamente a se constituir enquanto mensagem. (Hohlfeldt; Martino; França, 2013, p. 16).

O entender a informação não é suficiente para que aconteça a aplicabilidade do conteúdo repassado. Muitas pessoas têm o conhecimento, e não conseguem executá-lo de maneira correta e clara, não tendo o cuidado de diferenciar o público com o qual está trabalhando.

> A resposta mais imediata à questão, trazida pela nossa vivência (ou senso comum), vai resgatar – ou apoiar-se – na sua dimensão empírica: trata-se de um objeto que está à nossa frente, disponível aos nossos sentidos, materializado em objetos e práticas que podemos ver, ouvir, tocar. A Comunicação tem uma existência sensível; é do domínio do real, trata-se de um fato concreto de nosso cotidiano, dotada de uma presença quase exaustiva na sociedade contemporânea. Ela está aí, nas bancas de revista, na televisão da nossa casa, no rádio dos carros, nos *outdoors* da cidade, nas campanhas dos candidatos políticos e assim por diante. Se estendermos

mais os exemplos (e também nosso critério de pertinência), vamos incluir nossas conversas cotidianas, as trocas simbólicas de toda ordem (da produção dos corpos às marcas de linguagem) que povoam nosso dia a dia. (Hohlfeldt; Martino; França, 2013, p. 16).

O termo "comunicação" de Vera Regina Veiga França *apud* Hohlfeldt (2013), embora voltado especificamente para o estudo do jornalismo, faz parte de uma teoria cuja aplicabilidade é mais ampla e ajuda a derrubar o mito da imparcialidade profissional, segundo o qual a produção sofreria apenas condicionamentos de ordem externa (dos fatos, da sociedade, do patrão, da ideologia), apontando aspectos internos, ligados à natureza do trabalho, ao âmbito das relações profissionais, bem como às representações e às imagens que cercam a profissão. Essas diferentes abordagens destacam a centralidade e o papel determinante dos emissores no processo comunicativo; quando não, um papel dominador diante de um receptor indefeso.

> A comunicação trata-se de um objeto que está à nossa frente, disponível aos nossos sentidos, materializado em objetos e práticas que podemos ver, ouvir, tocar. A comunicação tem uma existência sensível; é do domínio do real, trata-se de um fato concreto de nosso cotidiano, dotada de uma presença quase exaustiva na sociedade contemporânea. Ela está aí, nas bancas de revista, na televisão da nossa casa, no rádio dos carros, nos *outdoors* da cidade, nas campanhas dos candidatos políticos e assim por diante. Se estendemos mais os exemplos (e também nosso critério de pertinência), vamos incluir nossas conversas cotidianas, as trocas simbólicas de toda ordem (da produção dos corpos às marcas de linguagem) que povoam nosso dia a dia. (Hohlfeldt; Martino; França, 2013, p. 39).

Maria Tereza Marins Freire (2016) também afirma que as relações entre os indivíduos se realizam por meio de um processo amplo e complexo que se utiliza de vários códigos para alcançar sua forma adequada de aplicação. Esse processo, que insere em seu contexto a linguagem, as expressões faciais e corporais, além de outros sinais que tenham significado, é a comunicação.

As pessoas podem comunicar-se em muitos níveis, por muitas razões, com muitas pessoas, de muitas formas, podendo, até mesmo, constituir-se em um processo pelo qual as pessoas conduzem suas respectivas vidas, porquanto o comportamento comunicativo tem um extenso campo de ação.

A comunicação, quando bem aplicada, exerce uma influência extremamente poderosa sobre o público que deseja atingir. E esse fator pode ser visto positivamente ou negativamente.

Uma informação sendo divulgada por meio da mídia e que beneficie como um todo um segmento ou grande parte da população é algo positivo; ou uma informação pode ser manipulada por interesses corporativos institucionais, e neste caso ela passa a ser vista como negativa.

> A existência do poder midiático não é negativa de *per se*, pois é natural, e até mesmo desejável, que existam poderes paralelos ao Estado. Esses poderes não devem, contudo, permanecer invisíveis ao controle do poder exercido legitimamente no Estado democrático de direito, pois tal situação viola uma das maiores promessas da democracia: a visibilidade e controle do poder — inclusive os não estatais. (Cademartori; Menezes Neto, 2013, p. 189).

Além de a comunicação ser extremamente importante em qualquer processo interdisciplinar, ela fundamenta e também cria conceitos em processos isolados, ou seja, nas relações que ela estabelece com os públicos diferenciados que atinge com as práticas variadas que exerce.

> A questão reside então na possibilidade de estabelecer a particularidade de um campo de análise de um saber que ora aparece como o fundamento das ciências do homem, ora aparece como uma síntese do produto dessas ciências. Em todo caso, o que se vê hoje em dia é a Comunicação passar diretamente do sentido filosófico para o sentido radicalmente interdisciplinar, sem espaço para a constituição de uma disciplina autônoma. (Hohlfeldt; Martino; França, 2013, p. 20).

A comunicação depende de diversos componentes: do contexto no qual a pessoa, a mensagem e/ou a situação estão inseridas; da linguagem corporal que o indivíduo utiliza; das interferências existentes; e depende também da escuta ativa do receptor.

O contexto leva em consideração idade, região, sexo e habilidades intelectuais de quem recebe a informação. No momento da comunicação, também é útil avaliar a receptividade e o estado emocional de quem envia e recebe a informação. Entre as interferências pelas quais a comunicação pode ser afetada, citam-se como exemplo as emoções. Se a pessoa que envia a informação estiver nervosa, sua habilidade de enviar mensagens pode ser afetada negativamente. Da mesma maneira, se a pessoa que recebe a informação estiver chateada ou discordar da mensagem ou de quem a envia, ela pode ouvir algo diferente que era pretendido ser passado. Assim, considerar as emoções, a linguagem e as barreiras conceituais é essencial para uma boa comunicação.

A comunicação não verbal, outro componente da comunicação, consiste na linguagem corporal, que inclui postura, posição das mãos e braços, contato visual e expressão facial. A linguagem corporal combinada ao conteúdo verbal melhora o entendimento. A comunicação requer que o conteúdo e a linguagem corporal passem a mesma mensagem.

Para Trinta e Rector (1986), a estrutura da comunicação não-verbal pode ser dividida em paralinguagem, cinésica, proxêmica e cronêmica. A paralinguagem consiste nos demais elementos comportamentais que não fazem parte da fala, como cacoetes nervosos. Já a cinésica estuda os movimentos e gestos corporais. A proxêmica consiste no uso do espaço, ou seja, é o local e a distância escolhidos para ser repassados à comunicação não verbal. E a cronêmica é o estudo do tempo que leva para a comunicação não verbal ser transmitida. Se uma pessoa fala "Espere um minuto", pode estar subentendido nessa frase o significado "Estou ocupada", e assim por diante.

> O gesto diz mais do que a palavra e se basta a si mesmo. Um piscar de olhos significa "você me entende", "estamos de acordo", quando, num grupo, um dos membros dirige o olhar a outro, sabendo que ele é conhecedor de um outro contexto, subjacente àquele em que se encontram, do qual talvez os outros não se dêem conta. O som nasal *hum* mostra assentimento por parte do interlocutor numa conversa. "Dar uma banana" significa, ao se colocar o punho de uma mão na dobra do outro braço, que a opinião do ouvinte é absolutamente contrária à do falante. Vemos, com isso, que a comunicação não-verbal é criativa, tanto quanto a comunicação verbal, e que os exemplos dados não obedecem a uma classificação rígida, tendo em vista que o contexto pode alterar a ordem de sua ocorrência. (Trinta; Rector, 1986, p. 45).

A comunicação é um processo recíproco que inclui escuta. Para escutar com sucesso, é necessário um processamento do objetivo e resposta para quem envia a mensagem. A escuta ativa pode envolver perguntas para melhor entendimento ou repetição do que foi ouvido para assegurar que a intenção da mensagem enviada foi recebida corretamente.

Outros fatores que determinam se a comunicação está sendo bem aplicada podem ser definidos, a exemplo de: análise por parte dos gestores com relação aos valores, costumes e bagagem cultural que o receptor da mensagem guarda consigo, a forma como essa pessoa (o receptor) age e reage diante de situações diferenciadas.

> Os atores estão sempre se movendo dentro do horizonte do seu mundo da vida, eles não podem se colocar de fora dele. Como intérpretes, eles próprios pertencem ao mundo da vida, por meio de seus atos de fala, mas não podem se referir a "algo no mundo da vida" da mesma forma que podem fazer com fatos, normas e experiências subjetivas. (Habermas, 1987, p. 125-126).

Para Habermas (1987), uma sociedade hegemônica, que pensa, faz e toma atitudes iguais, não existe. Todas as pessoas vivenciam diariamente momentos variados, adquirem conhecimentos que são armazenados de formas e em tempos totalmente diferentes, e esses fatores influenciam direta e indiretamente na comunicação aplicada e se terá realmente êxito. A comunicação, segundo Habermas, pode se voltar contra a pessoa, uma vez que a interpretação, por sua característica subjetiva, diante de uma orientação/norma/regra, é assimilada diferentemente. Desta forma, objetivos não serão alcançados, e a consequente desmotivação será inevitável.

Quando mal trabalhada, a comunicação pode causar efeitos irreparáveis. A maioria das pessoas lembra com mais facilidade os erros do que os acertos, e, quando a informação é disparada, não se tem mais o controle sobre ela, pois a sua disseminação é rápida e pode chegar até o público das mais variadas formas possíveis. Por isso, a informação deve ser a mais clara possível para que, mesmo que haja interpretações diversas, a essência da mensagem possa permanecer, efetivando, assim, a comunicação desejada.

Moscovici (1978 *apud* Alves-Mazotti, 2008) afirma que as pessoas, muitas vezes, são influenciadas por representações sociais impostas por determinados segmentos da sociedade, ou seja, a representação social assumida por um indivíduo pode ser também a forma pela qual ele foi educado, como os valores, os princípios, a cultura e os costumes que lhe foram apresentados. Todos esses fatores influenciam de alguma forma a maneira pela qual o indivíduo exerce suas ações ou toma suas decisões.

> Coerente com essa preocupação, Moscovici distingue inicialmente o conceito de representação social dos mitos, da ciência e da ideologia. Em seguida, coteja-o com conceitos de natureza psicológica que lhe são freqüentemente associados, como os de opinião, atitude e imagem. Basicamente, afirma que esses conceitos (tal como eram tipicamente tratados à época) pressupunham a existência de um estímulo externo, dado ao qual o indivíduo responde. (Alves-Mazotti, 2008, p. 22).

Segundo Alves-Mazotti (2008), a pessoa pode apresentar em seu ambiente de atuação duas atitudes de conceitos diferentes e que determinam a representação social pela qual obteve maior influência: os conceitos de objetivação e de ancoragem.

A primeira refere-se aos princípios e aos valores que a pessoa já tem e aplica, e a segunda é aquela na qual a pessoa também se ancora em conceitos preestabelecidos por representações e movimentos sociais, além da bagagem cultural que já leva consigo.

A opinião pública é um dos principais exemplos que podem explicar bem essa adesão a determinados grupos ou movimentos sociais. Matheus afirma que:

> Quando as palavras *opinião* e *público* se unem, algo novo desponta. Isoladamente, a opinião se aplica às diferenças entre os indivíduos. Para que a opinião se torne *pública,* é necessário lhe atribuir uma coesão que, de início, não existe entre os indivíduos. Ter opinião própria é uma afirmação do indivíduo perante os demais. Mesmo que suas opiniões entrem em conflito ou provoquem rompimentos, sua individualidade passa a ser admitida, respeitada ou até mesmo temida. É também o que permite ao indivíduo se integrar nos grupos em que atua através de sua diferenciação. Quem sempre segue as opiniões alheias ou que se mostra como alguém que não tem *opiniões próprias* demonstra pouca evolução ou dependência dos julgamentos dos outros. Divergir dos outros tem, por vezes, o intuito de afirmar a individualidade – mesmo quando faltam razões suficientes para isso. (Matheus, 2011, p. 133).

Matheus (2011) afirma ainda que, em uma pesquisa de opinião que será aplicada, por exemplo, a forma como a análise é feita deve ser diferenciada por grupos; e, dependendo da pesquisa aplicada, uma parte/vontade/iniciativa da pessoa se sobressairá.

A comunicação é bastante importante nesse processo, pois tanto pode idealizar e passar informações manipuladas e errôneas no processo de atuação desse indivíduo quanto pode auxiliar em trabalhos e relações humanas.

> Na difusão, relacionada à opinião, não há diferenciação entre fonte e emissor, na medida em que, por exemplo, aqueles que transmitem as informações através dos meios de comunicação, por sua vez, as receberam dos especialistas. Os temas são pouco ordenados entre si e os diferentes pontos de vista apresentados podem ser contraditórios. Já a propagação, relacionada à atitude, é feita por um grupo que produz uma visão de mundo bem organizada, que dispõe de uma crença a ser disseminada e a ser acomodada aos saberes estabelecidos. Finalmente, a propaganda, ligada aos estereótipos, é uma forma de comunicação que se inscreve em relações sociais, no conflito entre o saber "verdadeiro" e o "falso", visando a recusa da concepção rival através da apresentação consistente e rígida de uma visão competidora. (Alves-Mazotti, 2008, p. 36).

Segundo Habermas (1987), outro desafio bastante importante que o ser humano enfrenta — além de ter que utilizar de forma adequada a comunicação, de conviver com representações sociais que ele mesmo segue e que cada uma das pessoas que o rodeiam também tem — reside no fato de que precisa saber trabalhar com regras, normas, legislações e burocracias diariamente. E essas regras e normas influenciam a forma pela qual as outras pessoas diretamente ligadas ao processo reagem a determinadas atitudes que a pessoa em questão muitas vezes é obrigada a tomar.

> À medida que o potencial embutido na ação comunicativa é realizado, o núcleo normativo arcaico se dissolve e abre caminho para a racionalização das visões de mundo, para a universalização da lei e da moralidade e para uma aceleração dos processos de individuação. (Habermas, 1987, p. 4).

Essas visões de mundo, familiares, sociais, educacionais, políticas, econômicas, normativas, entre outras, fazem com que o indivíduo determine a maneira pela qual tomará atitudes e ações nas mais variadas situações. Determinará também se utilizará a comunicação para auxiliar na solução de problemas e na implantação de alguma medida ou iniciativa.

> Desde as primeiras pesquisas sobre os grupos de referência constatou-se que nem sempre existe uma relação de causalidade simples entre a pertença do indivíduo a um grupo e o

> grau em que ele partilha as opiniões de seus outros membros. Cada indivíduo tem vários grupos de pertença: alguns deles servirão mais de pontos de ancoragem de suas opiniões e crenças do que outros. Grupos aos quais um indivíduo não pertence, mas a que aspira pertencer, podem também desempenhar um papel de ancoragem. (Doise, 2001, p. 187).

Quando o remetente transforma as ideias de uma mensagem, isto é, associa-as a estímulos físicos, ou significantes, formando signos, se o remetente enviar a mensagem, constituída de signos ao destinatário e este último receber os signos, captando os significantes e entendendo os significados ou ideias a eles associados, aqui se concretizou a comunicação.

> Dependendo do fundamento, ou seja, da propriedade do signo que está sendo considerada, será diferente a maneira como ele pode representar seu objeto. Como são três os tipos de propriedades – qualidade, existente ou lei –, são também três os tipos de relação que o signo pode ter com o objeto a que se aplica ou que denota. Se o fundamento é um quali-signo, na sua relação com o objeto, o signo será um ícone; se for um existente, na sua relação com o objeto, ele será um índice; se for uma lei, será um símbolo. (Santaella, 2004, p. 14).

Segundo Santaella (2004), a pessoa que interpreta algum fato é o terceiro elemento da tríade que o signo constitui. É por meio de um objeto que o signo é definido; com a definição desse signo, a significância dele é repassada, e em seguida a interpretação desse signo é realizada. É dessa forma que o processo de comunicação é estruturado.

A gestão democrático-participativa legitimada pela comunicação

Paulo Freire (1993) desafiou os profissionais da educação ao pensar a construção de projetos educacionais libertadores que implicassem a postura dialógica como base desse processo. Para o autor, a tarefa é difícil, mas não impossível, o que permite sonhar com escolas mais abertas e com maior participação de todos, efetivada pelo diálogo crítico em relação a uma existência humana.

Segundo Paro (2000), a gestão democrático-participativa é norteada por oito princípios: autonomia das instituições e da comunidade educativa, relação orgânica entre a gestão e a participação dos membros da equipe funcional, envolvimento da comunidade no processo escolar, planejamento das tarefas, formação continuada para o desenvolvimento pessoal e profissional dos integrantes da equipe de colaboradores, utilização de informações concretas e análise de cada problema em seus múltiplos aspectos, com ampla democratização das informações, avaliação compartilhada e relações humanas produtivas e criativas calcadas na busca de objetivos comuns.

A autonomia é o fundamento da concepção democrático-participativa. É definida como a capacidade de as pessoas autogovernarem-se, de decidirem sobre seu próprio destino. Na instituição, significa ter poder de decisão sobre seus objetivos e suas formas de organização. É claro que a autonomia não existe por completo, pois a gestão precisa ser compartilhada pelos órgãos superiores, mas a articulação é de fácil negociação.

> No caso da administração universitária há duas posições antagônicas: a primeira destaca que nas instituições de ensino superior não existe correlação entre administração e desempenho. O sistema seria tão frouxamente articulado que a decisão institucional e a ação concreta estão distantes e pouco controladas, não havendo integração entre elas. A segunda posição parte do pressuposto que o sucesso das organizações depende, em grande parte, do sucesso de sua administração. O papel da administração na instituição universitária é o mesmo daquele desempenhado pela administração de outros tipos de organização. Cabe à sua administração a tarefa de integrar recursos materiais e financeiros que, somados ao trabalho cooperado das pessoas, permitem às instituições produzir os serviços educacionais demandados, de maneira a cumprir suas principais funções junto à sociedade. (Murphy; Meyer, 2000, p. 144).

Já a relação orgânica entre a gestão e o quadro funcional é o trabalho compartilhado da gestão, a forma participativa da gestão e a responsabilidade individual de cada integrante. Com a supervisão do gestor, a equipe formula o plano ou projeto pedagógico-curricular, toma decisões por meio de discussão com a comunidade educacional mais ampla e aprova um documento orientador.

A partir disto, entram em ação as funções do processo organizacional, em que o gestor coordena, mobiliza, motiva, lidera e delega as responsabilidades decorrentes das decisões aos membros da equipe, conforme suas atribuições específicas, presta contas e submete à avaliação da equipe o desenvolvimento das decisões tomadas coletivamente.

Outro grande princípio da autonomia, também pertencente à gestão democrático-participativa, é o envolvimento da comunidade no processo educacional, pois é por meio dele que as práticas participativas podem contribuir em ações voltadas à sociedade civil, como organizações de bairro, movimentos de mulheres, minorias étnicas e culturais, entre outros grupos de mobilização. Dessa forma, a contribuição do aumento da capacidade de fiscalização da sociedade civil sobre a execução da política educacional torna-se constante.

Conforme Paro (2000), o planejamento das tarefas é uma necessidade, pois, de uma ação estruturada e coordenada de proposição de objetivos, estratégias de ação, cronogramas e formas de controle e avaliação, leva-se a um instrumento unificador das atividades educacionais.

A formação continuada consiste no aperfeiçoamento profissional de toda a equipe. Ser gestor de uma instituição educacional implica conhecer-lhe o estado real, observar e avaliar o desenvolvimento do processo de ensino, analisar com objetividade os resultados e compartilhar as experiências bem-sucedidas.

Segundo Lück (2010), a democratização das informações é relacionada aos procedimentos de gestão baseados na coleta de dados e informações reais e seguras e na análise global dos problemas. Esta ação implica a transparência e livre acesso de todos às informações e aos canais de comunicação que agilizem a tomada de conhecimento das decisões e de sua execução.

A avaliação compartilhada tem a função do controle realizado por uma avaliação mútua entre gestor, professores e comunidade. E, por fim, as relações humanas em busca dos objetivos comuns consistem na combinação entre a exigência e o respeito e entre a severidade e o tato humano.

A gestão democrático-participativa tem como elemento complementar a comunicação por meio da ênfase à participação, ambos pilares de uma gestão democrática e participativa que se pretende de uma gestão educacional. Mesmo que certos princípios e métodos da organização escolar se originem da experiência administrativa, seus objetivos diferenciam-se, pois dirigem-se para a educação e para a formação de pessoas, com forte presença das relações interpessoais, resultado de uma ação coletiva de caráter genuinamente pedagógico.

> Isto requer da administração não apenas uma diversificação de recursos para novas atividades, mas, também, novas habilidades. Estão são, na sua maioria, "habilidades de principiantes" no sentido de que a função de colocar alunos no mercado de trabalho não requer conhecimentos especializados da

cúpula administrativa. Na realidade, são os funcionários que colocam os estudantes no mercado de trabalho que necessitarão de novos conhecimentos e habilidades. Por sua vez, a alta administração dessas instituições deverá encontrar maneiras de remunerar esses funcionários, com base em colocações bem sucedidas, a fim de incentivá-los a continuar desenvolvendo este trabalho até que todos os recém-formados consigam empregos com salários reajustados em níveis superiores aos da inflação. (Murphy; Meyer, 2000, p. 92).

Mesmo a instituição escolar sendo caracterizada por possuir um sistema de relações humanas e sociais com fortes características interativas que a diferenciam das empresas convencionais, a comunicação ocupa um lugar de destaque para que a gestão democrática, interativa e participativa, se efetive.

Essa visão sociocrítica de gestão corresponde a uma concepção de sistema que agrega pessoas, considerando o caráter intencional de suas ações e interações sociais nas formas democráticas de tomadas de decisões. Disso resulta a organização escolar como construção social da comunidade educacional, cabendo aos gestores saber gerir e conciliar interesses pessoais e coletivos, peculiaridades culturais, preocupar-se com as relações humanas e com os objetivos pedagógicos e sociais, além de estabelecer formas participativas e a eficiência nos processos administrativos.

Diferentemente da concepção científico-racional ou técnico-científica, a concepção sociocrítica concebe a organização escolar como um sistema que agrega pessoas, destacando-se o caráter intencional de suas ações, a importância das interações sociais no seio do grupo e as relações da escola com o contexto sociocultural e político.

Sobre isso, Paro (2000, p. 12) discorre:

> Na medida em que se conseguir a participação de todos os setores da escola, educadores, alunos, funcionários e pais - nas decisões sobre seus objetivos e seu funcionamento, haverá melhores condições para pressionar os escalões superiores a dotar a escola de autonomia e de recursos. A esse respeito, vejo no conselho de escola uma potencialidade a ser explorada. [...] E aqui subjaz, portanto, o suposto de que a escola só poderá desempenhar um papel transformador se estiver junto com os interessados, se se organizar para atender aos interesses das camadas às quais essa transformação favorece, ou seja, das camadas trabalhadoras.

Por este motivo, não se deve negligenciar a importância da comunicação na área de gestão, não só a gestão educacional, mas toda e qualquer gestão que se valha da interação com outras pessoas e que objetive a superação de desafios na sua coletividade. A comunicação deve ser utilizada como estratégia para uma boa gestão, portanto deve haver a preocupação em ser bem aplicada. Pode despertar ideias nas pessoas envolvidas que facilitem o alcance de metas e o planejamento de iniciativas, e vai além do processo gerencial, sendo mais abrangente do que projetos, programas e planos, facilitando a harmonização dos desdobramentos das tarefas organizacionais. Sobre esse tema, Bernardi (1995, p. 40) relata:

> A comunicação é uma ação e um recurso estratégico que se destina a aumentar o rendimento da administração e do planejamento. Ao mesmo tempo, ela pode melhorar o relacionamento entre a hierarquia superior que tem poder de decisão e o pessoal que executa as tarefas, motivar o trabalho em equipe, abrir horizontes para compreensão de objetivos comuns, indicar o direcionamento mais seguro e mais agradável para os passos seguintes e promover sentimentos de bem-estar e qualidade de vida às pessoas.

Dentro da análise deste tema, Cittadino (1999, p. 231) esclarece que não há, ao que parece, outro caminho para enfrentar as marcantes divisões da sociedade brasileira, senão conferindo prioridade aos mecanismos participativos que buscam garantir o sistema de direitos fundamentais assegurados pela Constituição federal.

A comunicação vai ao encontro dos objetivos da gestão participativa, ao mesmo tempo que se observa que, para o processo de tomada de decisões ser realizado coletivamente, é necessário permitir aos membros do grupo discutir e deliberar, em uma relação de colaboração. A organização escolar, com base na visão sociocrítica aqui relacionada, não é algo objetivo e neutro, mas sim uma construção social de sua comunidade escolar.

> Aceitando-se que a gestão democrática deve implicar necessariamente a participação da comunidade, parece faltar ainda uma maior precisão do conceito de participação. A esse respeito, quando uso esse termo, estou preocupado, no limite, com a participação nas decisões. Isto não elimina, obviamente, a participação na execução, mas também não a tem como fim e sim como meio, quando necessário, para a participação propriamente dita, que é a partilha do poder, a participação na tomada de decisões. É importante ter sempre

> presente este aspecto para que não se tome a participação na execução como fim em si mesmo, quer como sucedâneo da participação das decisões, quer como maneira de escamotear a ausência desta última no processo. (Paro, 2000, p. 16-22).

Aqui se torna fundamental expor a questão de que a atuação dos gestores educacionais pode ser realizada por meio de uma boa comunicação. Uma boa comunicação no sentido de ser compreendida da maneira adequada e direcionada à realidade do local, não no sentido de engessar certos espaços ou de exigir metas como uma indústria, por exemplo.

Para que aconteça o sucesso do trabalho de um gestor educacional, a colaboração dos funcionários também deve existir, ou seja, eles devem estar abertos para ouvir as orientações de seus coordenadores; e alcançar essa colaboração vai depender de como esse gestor lida diariamente com esse público; saber quem é quem e como todos os departamentos ou setores da escola/faculdade/universidade funcionam.

Arroyo (2010) afirma ainda que, para ser abordada a atuação dos gestores, deve-se lembrar que eles são adultos, que esses gestores trabalharão principalmente, e também, com adultos e que a linguagem de atuação utilizada será à luz da andragogia, que é a arte de ensinar adultos. Refletir sobre e compreender alguns pressupostos andragógicos e as suas possibilidades na ação de orientação da aprendizagem do adulto tem sido uma grande preocupação não só dos professores e tutores, mas de gestores acadêmicos e corporativos preocupados com a relação entre os objetivos educacionais e o alcance de metas na aprendizagem.

O estudo da andragogia e de alguns dos pressupostos derivados dessa ciência pode abrir caminhos para novos rumos e estratégias de aprendizagem tanto no mundo empresarial quanto no acadêmico. Revela, em suas concepções e conceitos, aspectos teóricos, filosóficos e práticos de fundamental importância para aqueles que almejam explorar nas competências do adulto, características que lhes são peculiares, que fazem a diferença em processos de aprendizagem quando inseridas no contexto educacional, que valorizam a experiência de vida, a visão crítica e a capacidade de intervenção do adulto como o centro das atenções.

Para que a gestão como um todo e também a exercida especificamente nas instituições de educação superior sejam realizadas com êxito, essa ação muito depende da comunicação, do conhecimento do público que vai receber a mensagem.

Segundo Martino *apud* Hohlfeldt (2013), a mensagem pode ser o elemento mais crucial da comunicação. Uma mensagem pode chegar de muitas formas diferentes, como uma apresentação oral, um documento escrito, uma propaganda ou apenas um comentário. No modelo básico de comunicação, a seta do ponto A até o ponto B representa a mensagem do comunicador viajando até o recebedor. A mensagem não é necessariamente o que o comunicador tem intenção de difundir. Desta forma, ele deve não apenas compor cuidadosamente essa mensagem, mas também deve avaliar as formas como ela pode ser interpretada.

A atuação dos gestores educacionais por meio de uma comunicação pode ser resumida da seguinte forma: o gestor fazer-se entender por seus colaboradores; e os colaboradores abrirem-se para receber e alinhar iniciativas em conjunto com o gestor. É fazer com que os funcionários identifiquem o objetivo principal de seus coordenadores.

Para Habermas (2012), a comunicação não pode ser apenas uma transmissão de informações, pois ela pode se voltar contra a gestão. Se cada um interpretar uma orientação/norma/regra de forma diferente, metas não serão alcançadas; e a desmotivação será inevitável.

A gestão que não se utiliza da democracia e da participação é baseada na perspectiva estática, burocratizada e hierarquizada, por orientar-se pelo estabelecimento de uniformidade do sistema de ensino, em vez de sua unidade, reforçando padrões não de resultados, mas sim de formas de desempenho que desconsideram a necessidade de criatividade, iniciativa e discernimento em relação a dinâmicas interpessoais e sociais, envolvidos na realização do processo educacional.

Com isso, o trabalho do gestor constitui-se em repassar informações, assim como controlar, supervisionar e dirigir as atividades educacionais, em acordo com as normas estabelecidas.

Com a gestão democrático-participativa, isto não acontece, pois essa gestão entende que os ambientes educacionais são constituídos por processos interativos, caracterizados pela diversificação e pluralidade de interesses e objetivos, em um contínuo embate entre diferentes dimensões e aspectos.

Em contrapartida, segundo Paro (2014), algumas instituições e alguns gestores passam a adotar a concepção da democracia e da participação de maneira errônea, pois as características básicas dessa gestão são a descentralização, a autonomia e a democratização do ambiente educacional. Algumas instituições buscam o desenvolvimento da democratização sem pensar na autonomia da sua gestão e sem descentralizar o poder de decisão para o local. Pensam ainda em construir a autonomia do ambiente sem agir no sentido de criar mecanismos sólidos para sua democratização, desenvolvimento da consciência, de responsabilidade social e competência para exercê-la.

Pode-se perceber também em outras instituições o esforço no sentido de desenvolver no local os conceitos de democratização e autonomia, valendo-se de métodos e estratégias centralizadores, o que implica uma contradição paradigmática muito comum, que faz com que os esforços se anulem.

> Há três ordens de entendimento na proposição de descentralização: de natureza operacional, que aponta para uma solução para os grandes sistemas de ensino, que falham por não poderem diretamente gerir as condições operacionais do ensino, outra de caráter social, que reconhece a importância da dinâmica social da escola, com uma cultura própria e, portanto, demandando decisões locais e imediatas ao seu processo, a fim de promover o melhor encaminhamento do processo educacional e por fim, o caráter político que entende o processo educacional como formativo, demandando para a formação democrática a criação de ambiente democrático. (Lück, 2006, p. 42).

A participação caracteriza-se por uma força de atuação consciente pela qual os membros de uma unidade social reconhecem e assumem seu poder de exercer influência na determinação da dinâmica dessa unidade, de sua cultura e de seus resultados, poder esse resultante de sua competência e vontade de compreender, decidir e agir sobre questões de total interesse, oferecendo uma unidade, vigor e direcionamento firme.

Cabe lembrar que toda pessoa tem um poder de influência sobre o contexto de que faz parte, exercendo-o, independentemente de sua consciência desse fato e da direção e intenção de sua atividade. A falta de consciência dessa interferência traz resultados negativos para a organização social e para as próprias pessoas que constituem os contextos de atuação em educação. Faltas, omissões e descuidos são aspectos que exercem esse poder negativo, responsável por fracassos e involuções.

> A participação efetiva na escola pressupõe que os professores, coletivamente organizados, discutam e analisem a problemática pedagógica que vivenciam em interação com a organização escolar e que, a partir dessa análise, determi-

nem caminhos para superar as dificuldades que julgarem mais carentes de atenção e assumam compromisso com a promoção de transformação nas práticas escolares. Assim, os problemas e situações desejados são apontados pelo próprio grupo, e não apenas pelo gestor ou sua equipe técnico-pedagógica, gerando, dessa forma, um sentimento de autoria e de responsabilidade coletivas pelas ações educacionais, condição fundamental para sua efetividade, segundo o espírito democrático e a prática da autonomia. (Lück, 2006, p. 33).

Para Lück (2006), a participação pode ser dividida em cinco formas, que são: a participação como presença, a participação como expressão verbal e discussão de ideias, a participação como representação, a participação como tomada de decisão e a participação como engajamento.

A participação de presença consiste na participação de uma pessoa em um grupo ou organização, independentemente de sua atuação nele.

A relacionada à expressão verbal e discussão de ideias é a oportunidade oferecida às pessoas de expressarem suas opiniões, de falarem, de debaterem, de discutirem sobre ideias e pontos de vista — é o uso da liberdade de expressão.

A forma de representação é considerada uma iniciativa significativa de participação: ideias, expectativas, valores e direitos são manifestados e levados em consideração por meio de uma pessoa considerada capaz de representá-los em um contexto organizado para este fim.

A participação como tomada de decisão implica compartilhar poder, responsabilidades por decisões tomadas em conjunto como uma coletividade e o enfrentamento dos desafios de promoção de avanços, no sentido da melhoria contínua e transformações necessárias.

E, por fim, Lück define ainda a participação como engajamento, que representa o nível mais pleno de participação. Sua prática envolve o estar presente, o oferecer ideias e opiniões, o expressar o pensamento, o analisar de forma interativa as situações, o tomar decisões sobre o encaminhamento de questões, com base em análises compartilhadas e envolver-se de forma comprometida no encaminhamento e nas ações necessárias e adequadas para a efetivação das decisões tomadas. Resumidamente, a participação como engajamento implica envolver-se dinamicamente nos processos sociais e assumir responsabilidade por agir com empenho, competência e dedicação visando promover os resultados propostos e desejados. Portanto, é muito mais que adesão, é empreendedorismo comprometido.

> Participação, em seu sentido pleno, corresponde, portanto, a uma atuação conjunta superadora das expressões de alienação e passividade, de um lado, e autoritarismo e centralização, de outro, intermediados por cobrança e controle. A separação entre a tomada de decisão e ação, entre o pensar e o fazer. (Lück, 2006, p. 47).

É neste sentido que a comunicação se aplica na atuação dos gestores educacionais. Utilizando-se da democracia e da participação, os responsáveis pelas instituições podem ouvir, ver e identificar o que pode ser feito de melhor para atender às necessidades de todos os públicos com quem trabalham. Identificar também que formas de comunicação podem ser aplicadas como estratégia de construção de um bom relacionamento entre professores, alunos e comunidade.

Considerações finais

A comunicação não tem a pretensão de ser mais importante do que qualquer outro aspecto educacional, mas tem sim o propósito de auxiliar todas as áreas de um processo de ensino para que ele possa realmente ter êxito e chegar o mais próximo possível de um bom resultado.

A cultura e o clima organizacionais, o relacionamento interpessoal, a motivação, a inteligência emocional e a liderança são os principais indicadores da existência de uma boa comunicação e, consequentemente, de uma boa gestão. São elementos que permitem que o gestor educacional conheça o público com o qual trabalha, os anseios e necessidades de cada um e passe a definir a forma mais adequada de atitude diante das mais variadas situações.

A cultura e o clima organizacionais passam, ainda, um panorama de quais costumes, valores e princípios estão enraizados naquela instituição. O gestor consegue também avaliar, por meio do clima organizacional, se esses aspectos estão sendo aceitos por todos; e, se nem todos estão em comum acordo, ele consegue saber que iniciativa tomar para amenizar essa divergência.

Já a motivação é conseguida por meio de uma boa liderança. O bom líder saberá ouvir, reconhecer e valorizar seus colaboradores. Terá a preocupação de conhecer as principais habilidades e dificuldades de seus funcionários. Caso não possa aplicar alguma sugestão de um docente, por exemplo, saberá explicar o porquê dessa atitude, e, além disso, conseguirá apoio desse colaborador, pela valorização disponibilizada a ele e por se sentir partícipe de todo o processo.

O relacionamento interpessoal é um dos indicadores mais importantes de uma boa comunicação, pois ele trabalha tanto com o lado pessoal como o lado profissional do gestor. Quando se trata do lado pessoal, o termo adequado a ser utilizado é "relacionamento intrapessoal", que consiste na verificação intrínseca de que a pessoa está preparada ou não para lidar com crises e conflitos, e aqui também entra a questão da inteligência emocional. É também a partir desta verificação que o gestor conseguirá implantar um bom relacionamento interpessoal.

Quando os gestores da educação superior se utilizam da comunicação em suas rotinas, promovendo a gestão democrático-participativa, eles são considerados líderes e os professores; por exemplo, são motivados e valorizados, pois suas sugestões são ao menos ouvidas e, quando possível, implantadas. A transparência nesse estilo de gestão é um requisito essencial.

Desta forma, a educação não só superior, mas todo e qualquer nível de ensino poderá, ter um olhar mais humanizado, voltado realmente para a formação de verdadeiros cidadãos e de profissionais completos e realizados.

Referências

ALVES-MAZZOTTI, A. J. Representações sociais: aspectos teóricos e aplicações à educação. **Revista Múltiplas Leituras**, [s. l.], v. 1, n. 1, p. 18-43, jan./jun. 2008.

ARROYO, M. **Ofício de mestre**. São Paulo: Editora Vozes, 2010.

BERNARDI, P. A. **A comunicação na gestão de instituições de ensino superior**. Curitiba: Champagnat, 1995.

CADEMARTORI, D. M. L.; MENEZES NETO, E. J. Poder, meios de comunicação de massas e esfera pública na democracia constitucional. **Sequência**, Florianópolis, n. 66, p. 187-212, jul. 2013.

CITTADINO, G. P. **Direito e justiça distributiva**. Rio de Janeiro: Lúmen Júris, 1999.

DOISE, W. **Atitudes e representações sociais**. Rio de Janeiro: Editora da Universidade do Estado do Rio de Janeiro, 2001.

FREIRE, M. T. M. **A comunicação no ambiente empresarial**: as micro e pequenas empresas em evidência. São Paulo: Biblioteca 24 horas, 2016.

FREIRE, P. **Pedagogia do oprimido**. São Paulo: Cortez, 1993.

HABERMAS, J. A nova intransparência: a crise do Estado de bem-estar social e o esgotamento das energias utópicas. **Novos Estudos Cebrap**, São Paulo, v. 18, p. 103-114, set. 1987.

HABERMAS, J. **Teoria do agir comunicativo**: sobre a crítica da razão funcionalista. São Paulo: Editora WMF, 2012.

HOHLFELDT, A.; MARTINO, L.; FRANÇA, V. **Teorias da comunicação**: conceitos, escolas e tendências. Petrópolis: Vozes, 2013.

LÜCK, H. **A gestão participativa na escola**. Petrópolis: Editora Vozes, 2006.

LÜCK, H. **Gestão da cultura e do clima organizacional da escola**. Petrópolis: Editora Vozes, 2010.

MATHEUS, C. **As opiniões se movem nas sombras**. São Paulo: Editora Atlas, 2011.

MURPHY, P.; MEYER, V. **Dinossauros, gazelas & tigres**. Santa Catarina: Editora Insular, 2000.

PARO, V. H. **Diretor escolar**: educador ou gerente? São Paulo: Editora Cortez, 2014.

PARO, V. H. **Gestão democrática da escola pública**. São Paulo: Ática, 2000.

SANTAELLA, L. **Semiótica aplicada**. São Paulo: Pioneira Thomson Learning, 2004.

TRINTA, A.; RECTOR, M. **Comunicação não-verbal**: a gestualidade brasileira. Petrópolis: Editora Vozes, 1986.

8

GESTÃO DEMOCRÁTICA, CLIMA E CULTURA ORGANIZACIONAL DA ESCOLA

Sirley Terezinha Filipak

Valdir Borges

Jakeline Krast

Adriane Pinheiro da Silva

Introdução

Nosso intento investigativo acerca da temática "gestão democrática, clima e cultura educacional da escola" é analisar cada um desses conceitos, assim como suas interferências na qualidade do ensino. E, para tal, utilizamos um estudo qualitativo, tendo como base a pesquisa bibliográfica. Procuramos ainda inter-relacioná-los, demonstrando uma relação de causalidade existente entre a cultura e o clima organizacional e suas implicâncias na escola, porquanto é nessa inter-relação que se efetiva a verdadeira participação da escola e se verifica a qualidade do ensino.

Após a hermenêutica da gestão democrática, entendida como um processo de mobilização que possibilita uma participação ativa e competente para a promoção e a realização dos objetivos educacionais, bem como a importância, a influência e os efeitos do clima e da cultura organizacional nas dinâmicas dos estabelecimentos de ensino, conseguimos estabelecer uma relação causal entre ambos. A cultura organizacional traduz-se nos costumes e hábitos internalizados pela matriz cultural, enquanto o clima organizacional se reflete no grau de satisfação, motivação e realização pessoal de cada ator do processo educacional, verificado no desempenho destes. O clima é resultante daquilo que a matriz cultural imprime em cada um dos membros efetivos implicados na gestão escolar.

É, pois, de capital importância, seja na escola pública, seja na escola privada, o papel do gestor, já que, sem a competência técnica e comportamental deste, não haverá realização pessoal, nem satisfação e motivação, tampouco o desempenho esperado por todos os envolvidos na gestão escolar, que incidirá, diretamente, na qualidade do ensino e na consecução dos objetivos educacionais.

Relação entre gestão democrática, clima e cultura organizacional da escola

Afinal, qual é a relação entre gestão democrática, clima e cultura organizacional e a inter-relação destes com a qualidade de ensino? Com o objetivo de contribuir para uma reflexão sobre as bases da gestão de forma conjunta e integrada, necessitar-se-á uma hermenêutica dos processos da escola e dos efeitos de seu próprio trabalho sobre a dinâmica dos estabelecimentos de ensino. Questões propostas mediante a discussão e o entendimento de conceitos e processos de gestão educacional, ou a ela relacionada, de acordo com a definição de gestão proposta pela pesquisadora Heloísa Lück:

> Uma forma de conceituar gestão é vê-la como um processo de mobilização da competência e da energia de pessoas coletivamente organizadas para que, por sua participação ativa e competente, promovam a realização, o mais plenamente possível, dos objetivos educacionais. (Lück, 2011, p. 21).

Os processos de escolha dos gestores têm ocorrido de forma distinta nos diferentes sistemas de ensino brasileiros. Segundo Paro (2003), em alguns deles ocorre por nomeação, concurso e eleição, e enfatiza que a primeira categoria é a mais criticada, por tratar das marcas do clientelismo político, porém muito presente nos sistemas de ensino. No que tange à categoria do concurso, ao discorrer sobre a experiência democrática vivenciada pela escola pública na eleição dos seus diretores, o pesquisador Paro (2003, p. 19) assevera que "as principais virtudes apontadas para o concurso são, pois, a objetividade, a coibição do clientelismo e a possibilidade de aferição do conhecimento técnico do candidato". Mas é óbvio que não basta apenas votar para que se viva a democracia no interior da escola; é necessário internalizá-la como uma forma de vida, na prática educativa no cotidiano dos agentes e atores que impulsionam o clima e a cultura escolar, gestionada pelo diretor eleito pelo voto livre.

Tendo em conta essas afirmações, percebe-se que a escolha do diretor escolar por eleição se caracteriza como um instrumento de democracia, sendo uma das melhores categorias para o provimento do cargo de gestor escolar, segundo o mesmo autor. No entanto, este deixa claro que a escolha de gestores por eleição não é a solução para todos os problemas da escola e não garante que realmente haja uma gestão democrática, mas torna-se um dos fatores para essa democratização.

Nesse contexto, o princípio da gestão escolar democrática, indicada na legislação educacional brasileira, pode tornar-se mais distante, se compreendido como sendo:

> [...] um processo político no qual as pessoas que atuam na/sobre a escola identificam problemas, discutem, deliberam e planejam, encaminham, acompanham, controlam e avaliam o conjunto das ações voltadas ao desenvolvimento da própria escola na busca da solução daqueles problemas. Esse processo, sustentado no diálogo, na alteridade e no reconhecimento às especificidades técnicas das diversas funções presentes na escola, tem como base a participação efetiva de todos os segmentos da comunidade escolar, o respeito às normas coletivamente construídas para os processos de tomada de decisões e a garantia de amplo acesso às informações aos sujeitos da escola. (Souza, 2009, p. 125-126).

Os pesquisadores Passador e Salvetti (2013) alertam que, apesar de as referências sobre os princípios da gestão democrática e da qualidade do ensino público constarem na Constituição federal e na Lei de Diretrizes e Bases da Educação Nacional (LDBEN), estas não indicam ou descrevem como tais ações deveriam ser realizadas para assegurar que esse processo se efetive. Os autores reforçam ainda que:

> [...] até os dias atuais as formas de governo e gestão ainda estão muito distantes dos ideais republicanos e democráticos constitucionalmente previstos, principalmente no que se refere à descentralização do poder e à busca por igualdade social. (Passador; Salvetti, 2013, p. 480-481).

Esse contexto revela que a gestão da escola requer cuidado e preocupação. Paro (2001, p. 18) indica que administração e gestão podem ser consideradas sinônimas, e referem-se à "utilização racional de recursos para a realização de determinados fins", com a intencionalidade educativa de transformação social.

O professor e administrador Vitor Henrique Paro reforça a participação da comunidade na escola: como todo processo democrático, é um caminho que se faz ao caminhar, não eliminando a necessidade de se refletir previamente a respeito dos obstáculos e potencialidades que a realidade apresenta para a ação:

> [...] não obstante guiada por alguma concepção teórica do real e de suas determinações e potencialidades, a democracia só se efetiva por atos e relações que se dão no nível da realidade concreta. Esta premissa, apesar de sua obviedade, parece permanentemente desconsiderada por educadores escolares que, a partir do contato com concepções teóricas que enfatizam a necessidade de uma prática social e escolar pautada por relações não autoritárias, assimilam o discurso, mas não exercitam a prática democrática correspondente. (Paro, 2016, p. 14).

É importante destacar que a democratização efetiva da educação é promovida não apenas pela democratização da gestão da educação, conforme definido pela Constituição e pela Lei de Diretrizes e Bases da Educação Nacional, especialmente a Lei 9.394/1996, como assinala Lück, que se debruça acerca da gestão participativa escolar:

> O fundamental dessa democratização é o processo educacional e o ambiente escolar serem marcados pela mais alta qualidade, a fim de que todos os que buscam a educação desenvolvam os conhecimentos, as habilidades e as atitudes necessárias para que possam participar de modo efetivo e consciente, da construção do tecido da sociedade, com qualidade de vida e desenvolvendo condições para o exercício da cidadania. (Lück, 2011, p. 26).

A gestão democrática do processo educacional, além de ser marcada pela busca da qualidade, finalidade almejada por todos, inclui uma tríade de elementos: eleição, colegialidade e participação nas decisões. Desta forma, caracterizar-se-ia em um autogoverno. Porém "avançamos pouco em matéria de democratização em nossa educação". A gestão democrática escolar ainda não consegue envolver a escola como um todo, pois ainda não compreendemos que "a democracia, antes de ser uma forma política é uma forma de vida" (Freire, 2003, p. 125, 76).

Esta foi a grande lição que Paulo Freire aprendeu de Zevedei Barbu, e impressionou-se profundamente, como explica o estudioso Borges (2013). O sociólogo romeno Zevedei Barbu, depois de viver e sofrer na carne diversos regimes políticos de sua pátria, especializa-se na *psicologia da ditadura e da democracia*. Em 1976, durante o regime militar, radica-se no Brasil, desempenhando-se como professor até 1986, na Universidade de Brasília, e invocando uma ação e uma reforma democrática geral:

> [...] uma reforma democrática, ou uma ação democrática geral, deve "ser levada a efeito não apenas com o consentimento do povo, mas também com a sua intervenção". Agora bem, isso é obviamente verdadeiro, porém com certas limitações. A fim de construir sua sociedade "com as próprias mãos", os membros de um grupo devem ter uma experiência considerável e conhecimento sobre a administração pública. Assim mesmo, necessitam determinadas instituições que lhes permitam participar na construção de sua sociedade. Porém, precisam mais do que isso: um esquema mental específico, ou seja, certas experiências, atitudes, conceitos prévios e crenças que todos ou uma ampla maioria compartilhem. (Barbu, 1962, p. 20, tradução nossa).

A democracia, para Zevedei Barbu, não é um conceito, nem uma forma política; é, antes de tudo, uma forma de vida. Além da curta experiência democrática vivenciada por nossos gestores escolares, há pouco conhecimento acerca das implicações e do significado da administração pública, bem como da própria gestão escolar. Devido aos longos períodos de vigência de regimes totalitários, talvez seja difícil encontrar um ideal político-educativo pleno de significado democrático e com um potencial mais transformador do que aquele expresso na gestão democrática das escolas, conforme afirma Lima, da Universidade de Minho, em Portugal:

> A gestão democrática das escolas é uma complexa categoria político-educativa, uma construção social que não dispensa a análise dos contextos históricos, dos projetos políticos e da correlação de forças em que ocorre, para além de envolver dimensões teóricas e conceituais que vão desde as teorias da democracia e da participação, até as teorias organizacionais e os modelos de governação e administração das escolas e respectivos sistemas escolares. (Lima, 2014, p. 1.069-1.070).

Essa complexa categoria político-educativa, que envolve a gestão democrática, deve-se aos ranços de autoritarismo que ainda temos internalizado durante a vigência dos regimes totalitários, mas será possível superar esse caráter conservador e autoritário da gestão escolar vigente fomentando e impulsionando uma cultura e um clima organizacional comprometidos com a transformação social, como Vitor Henrique Paro assevera:

> No atual contexto da sociedade capitalista em que vivemos, a transformação social precisa ser entendida num sentido que extrapole o âmbito das meras "reformas", de iniciativa da classe que detém o poder, que visam somente acomodar seus interesses e os antagonismos emergentes na sociedade. Em seu sentido radical, a transformação social deve estar comprometida com a própria superação da maneira como se encontra a sociedade organizada. Não, portanto, a mera atenuação ou escamoteação dos antagonismos, mas a eliminação de suas causas, ou seja, a superação das classes sociais. (Paro, 2012, p. 107).

Sem uma cultura e um clima organizacional que encarnem e internalizem os valores e o alcance da gestão democrática, da própria democracia, que implica eleições, colegialidade e participação nas decisões e até da própria hermenêutica do que seja a democratização da educação, viveremos ainda envolvidos nos ranços conservadores do autoritarismo, segundo a exposição de Grácio (1986): a democratização da educação, incluindo a democratização do acesso, dos conteúdos e dos métodos, a valorização da condição social dos professores, a abertura da comunidade. Cremos que ainda temos muito a percorrer no que tange à compreensão do que seja a democracia de modo geral e acerca da gestão democrática escolar.

Após nos determos amplamente na questão da gestão democrática, temos visto que se faz necessário favorecer uma cultura e clima organizacional que encarnem os valores democráticos e da gestão democrática escolar; por isso, exploraremos, em seguida, a questão do clima organizacional; posteriormente, relacionaremos cultura, clima e gestão democrática, com intuito de demonstrar que existe uma relação de causalidade entre a cultura e o clima organizacional.

Em geral, o clima organizacional é caracterizado pelas percepções conscientes das pessoas a respeito do que acontece em seu entorno, e, muitas vezes, define a continuidade dos professores, colaboradores, gestores e estudantes em uma instituição, segundo o que identifica Lück:

> O clima é, pois, identificável pelas representações que estas pessoas fazem sobre tudo o que compõe o seu ambiente de

vivência e que lhe provoca estimulações, que passam por suas percepções, motivando seu posicionamento a respeito, assumido a partir dos significados construídos em relação a esse conjunto de coisas. (Lück, 2010, p. 65).

O clima organizacional é um tema amplamente discutido dentro das organizações, para que se compreenda o modo como o trabalho influencia o comportamento do indivíduo. Trata-se, pois, de algo de grande relevância para se realizar a gestão do ambiente de trabalho. Na mesma esteira, Martins (2008) expõe que o clima organizacional nos auxilia na hermenêutica do contexto e do ambiente em que se efetiva o trabalho, afetando o comportamento e as atitudes das pessoas, bem como a qualidade de vida e o próprio desempenho da organização. E influencia o desempenho das pessoas e da organização porque, quando se favorece um ambiente harmonioso e de gestão participativa na escola, este impactará a melhoria e a qualidade do aproveitamento acadêmico dos estudantes, conforme acentua e acrescenta Lück:

> O clima organizacional corresponde a um humor, estado de espírito coletivo, satisfação de expressão variável segundo as circunstâncias e conjunturas do momento, em vista do que seu caráter pode ser sobremodo temporário e eventual, dependendo das condições que criam essas características – daí ser também cognominado de atmosfera. (Lück, 2010, p. 65).

Para Bernardino, Silva e Queiroz (2015), o clima é um fenômeno coletivo contextualizado histórica e geograficamente. Comentam que o clima é resultante da interatividade e está sujeito às mudanças que emergem da convivência organizacional. Sendo assim, o clima é coletivo, provém das relações entre as pessoas que fazem parte da organização; e é mutável, adequando-se ao momento que o grupo vive.

O clima da organização é o ambiente humano (Chiavenato, 1992), constituído pela troca de experiências, pelo convívio, pelo trabalho em conjunto das pessoas que fazem parte da mesma empresa, sendo um reflexo da satisfação dos colaboradores que integram a organização.

Segundo Luz (2003), não se pode falar de clima organizacional sem citar a cultura organizacional, isso porque esses dois conceitos se diferem entre si, não obstante se complementem. Luz comenta ainda que a cultura organizacional influencia o comportamento dos indivíduos dentro da organização, impactando o cotidiano da organização, servindo de base para as tomadas de decisão, para o trato entre colaboradores e com parceiros da instituição. A cultura organizacional exerce influência direta nos objetivos da organização, na sua comunicação, na sua forma de realizar propaganda, nas políticas internas, ou seja, dá à instituição um modo particular de ser.

A cultura organizacional significa um modo de vida, crenças, valores, interação e relacionamento típicos de uma determinada organização (Beckhard, 1972); sendo assim, está diretamente ligada ao clima organizacional e exerce influência sobre o comportamento das pessoas que fazem parte da mesma empresa. Adicionalmente, Luz (2003) comenta que existe uma relação de causalidade entre clima e cultura, afirmando que cultura é a causa e clima a consequência.

O clima organizacional influencia a motivação das pessoas que fazem parte da empresa; consequentemente, o seu desempenho e os resultados da instituição. Para Armenteros e Sánchez-García (2015), medir e conhecer o clima organizacional é de capital importância, pois impactará os resultados educacionais da instituição, especialmente no que tange à qualidade do ensino.

O cuidado das empresas com o clima da organização é um fator de destaque no mundo corporativo, porém essa preocupação, tão presente no mundo dos negócios, também pode ser percebida dentro de instituições de ensino, visto que o setor da educação também é afetado pela lógica mercantilista. Essa percepção mercantilista da educação superior, por exemplo, é evidenciada pelo fortalecimento da economia brasileira, baseada na economia capitalista, e que consolidou um novo perfil social, com um forte impacto consumista e que influencia as atividades econômicas das instituições (Francisco *et al.*, 2012).

Com a mercantilização da educação, as instituições de ensino passaram a ser vistas como empresas; e o clima organizacional, a ser discutido e entendido como um grande influenciador nos resultados da empresa/escola e em ações como aplicação de pesquisa de clima que passaram a ocorrer dentro do ambiente escolar. Para Bispo (2006), é por meio da pesquisa de clima organizacional que é possível medir o nível de relacionamento entre os funcionários e a empresa.

As instituições de ensino precisam seguir uma série de recomendações e normativas governamentais, bem como institucionais, em busca de excelência na formação de seus egressos e diferenciação diante da concorrência deste mercado. Como um subsídio para alcançar a excelência, temos a qualidade do clima presente dentro dessa organização e vivenciada diariamente por seus professores, colaboradores e estudantes. Sobre essa questão, Rizzati enfatiza:

> [...] um dos fatores que deve ser repensado relaciona-se com a melhoria no ambiente de trabalho e a satisfação dos seus múltiplos usuários em relação ao clima presente na instituição, principalmente nas funções administrativas. Este repensar passa por incorporações de técnicas modernas, preparação do pessoal de apoio e infraestrutura, e conscientização de seus agentes para o processo de desenvolvimento institucional, principalmente quanto à forma continuada de melhorar o ambiente de trabalho proporcionando um clima favorável no trabalho. (Rizzati, 2002, p. 14).

A preocupação com a qualidade do clima organizacional da instituição de ensino desencadeia uma série de ações para verificação e promoção desse clima, como: pesquisa de clima, ações com colaboradores voltadas à melhoria contínua do clima organizacional, verificação e até criação de normativas e procedimentos que favoreçam o clima da escola, e, principalmente, conscientização das pessoas que fazem parte do ambiente escolar de que um bom clima organizacional depende dos esforços de todos e que é uma ação em conjunto, conforme destaca Rizzati:

> A questão do clima organizacional não é responsabilidade de um só indivíduo ou de um único departamento, mas, sim, de todos, e deve orientar a maneira de pensar e agir de toda a instituição. Desta forma, todos devem participar dela, desenvolver esforços na direção dos objetivos institucionais, na busca da melhoria do clima organizacional. (Rizzati, 2002, p. 15).

Após destacarmos a gestão democrática e uma breve introdução ao clima organizacional, adentraremos a relação entre a gestão democrática, a cultura e o clima organizacional, objetivo inicial de nossa pesquisa.

Cultura, clima organizacional e gestão democrática escolar

Nessa inter-relação entre gestão democrática, cultura e clima organizacional é que se efetiva a verdadeira participação na escola. O contexto histórico-social vivenciado por algumas escolas públicas do Brasil denuncia que, embora a educação seja pautada por leis, cujo foco é a participação ativa, ocorrem ainda práticas administrativas autoritárias no exercício da gestão. Esses ranços autoritários são fruto de uma má compreensão do que seja uma gestão democrática e participativa, não contribuem com a qualidade de ensino e, por suposto, com o clima organizacional, convertendo-se no maior dos desafios à gestão.

Em razão disso, o perfil do gestor escolar que se busca é o que tenha a competência técnica e comportamental capaz de gerir pessoas com um horizonte crítico, analítico e reflexivo, sem acepção de pessoas, ideologia, partido, crença e de outros fatores que possam interferir na sua práxis de liderar pessoas. Em consequência, impulsionará o cultivo das relações interpessoais equilibradas, baseadas no autoconhecimento, propiciando um sadio clima organizacional de satisfatória convivência e harmonia de toda a comunidade educativa escolar.

Faz-se mister discernir entre clima e cultura organizacional na gestão democrática, contemplada na Constituição do Brasil de 1988, em seu Art. 206, inciso VI — "gestão democrática do ensino público, na forma da lei" (Brasil, 1988) —, impulsionado pela LDBEN, Art. 3º, e inciso VIII: "gestão democrática do ensino público, na forma da lei e da legislação dos sistemas de ensino" (Brasil, 1996).

Exige-se, portanto, pela legislação vigente, uma administração escolar que atenda ao princípio democrático e participativo, garantido pela Constituição da República e pela Lei de Diretrizes da Educação no Brasil. A referida administração escolar será efetivada pelo gestor que tenha a competência técnica e comportamental, no intuito de criar uma cultura organizacional plasmada na participação ativa daqueles que compõem a comunidade escolar, fomentando, desse modo, um clima de harmonia no contexto histórico-social escolar onde se insere a referida comunidade escolar. Nesse clima, propiciar-se-á o desenvolvimento de todas as possíveis aptidões com relações interpessoais equilibradas, na participação dos protagonistas da gestão escolar democrática e da cultura organizacional, refletindo-se diretamente na concepção que a escola tem de ser humana; e no protagonismo do ser humano, "ser-de-relações", numa determinada sociedade.

O professor José Carlos Libâneo (2013), ao tratar da teoria e da prática da organização e da gestão escolar, explicita que a escola é o marco referencial da concepção de mundo, ser humano, sociedade e história, bem como o projeto político-pedagógico desta. Perceber-se-á, também, se a intenção e expectativa da escola é a da transformação social das relações e da realidade social, no seu modelo de gestão, ou se pauta por um modelo conservador de autoritarismo nas relações, oposto àquele que inferimos das leis vigentes, democrático e participativo.

Na esteira das concepções de gestão escolar, as posições políticas e a concepção de ser humano caminham juntas, segundo explica Libâneo:

> As concepções de gestão escolar refletem diferentes posições políticas e concepções do papel da escola e da formação humana na sociedade. Portanto, o modo como uma escola se organiza e se estrutura tem um caráter pedagógico, ou seja, depende dos objetivos mais amplos sobre a relação de escola com a conservação ou a transformação social. A concepção técnico-científica, por exemplo, valoriza o poder e a autoridade, exercidos unilateralmente. [...] Por sua vez, as outras concepções têm, em comum, uma visão de gestão que se opõe à forma de dominação e subordinação das pessoas e consideram essencial levar em conta os aspectos sociais, políticos e ideológicos, a construção de relações mais humanas e justas, a valorização do trabalho coletivo e participativo. (Libâneo, 2013, p. 105).

A escola é um reflexo da sociedade; logo, as concepções de gestão escolar refletem o nosso posicionamento e comprometimento político, bem como a concepção acerca da função social da escola na formação da comunidade humana. Assim, após este preâmbulo, indagamo-nos: qual é a relação entre gestão democrática, clima e cultura organizacional e a inter-relação destes com a qualidade de ensino?

Cultura e clima organizacional: uma relação de causalidade

A cultura e o clima organizacional são influenciados por fatores internos e externos da organização escolar ou de qualquer outro empreendimento. A cultura organizacional está retratada nos costumes e hábitos adquiridos ou internalizados pela matriz cultural. No clima organizacional, refletir-se-á o grau de motivação, de satisfação e de realização pessoal no trabalho, verificado na capacidade de desempenho de cada pessoa no ambiente da organização escolar ou em outras organizações.

O clima é resultante daquilo que a matriz cultural imprime ou molda nas organizações, gerando diferentes aspectos, positivos ou negativos. O clima organizacional será sempre uma via de mão dupla, pois influencia e pode ser influenciado pela maneira como indivíduos se comportam no interior de suas organizações, enquanto a cultura organizacional propicia mudanças profundas, perceptíveis em longo prazo, que exigem mais tempo para sua efetivação (Barcelos e Lima; Albano, 2002). A cultura e o clima organizacional caminham juntos, pois o ambiente da organização escolar, onde se exerce o trabalho, considerará a cultura de cada componente da comunidade escolar.

A principal tarefa de um gestor democrático escolar participativo será a de aprimorar o clima organizacional para fortalecer a cultura da gestão escolar, dado que clima e cultura organizacional guardam intrínseca relação: quando se aprimora o clima, a cultura fortalece-se, ou seja, há uma relação de causalidade. Por meio da cultura organizacional, identificam-se os valores vivenciados, compartilhados, que permeiam o grupo que compõe a organização. A cultura da organização demonstrará o comportamento dos seus componentes inseridos no contexto histórico-social da escola, representada pelo conjunto de valores, estilos de relacionamento, de trabalho e de crenças que compartilham, que acreditam e que vivenciam (Dias, 2003).

É de suma importância que as pessoas, antes de postular um trabalho em qualquer organização, não somente a escolar, primeiramente conheçam a cultura e o clima organizacional da escola, ou de qualquer outra empresa, em que pretendam trabalhar, pois isso impactará o modo de interação com os demais componentes e a capacidade de gerir conflitos entre aqueles que compõem a comunidade escolar.

A cultura organizacional, como já enfatizamos, é um sistema de valores compartilhados pelos membros de uma organização, em que se demonstra a sua especificidade e o que a difere das demais. A cultura organizacional é a maneira pela qual os componentes de uma organização percebem as características e as prioridades fundamentais que são valorizadas pela organização (Robbins, 2010).

Enquanto o clima organizacional se plasma no grau de satisfação dos membros de qualquer organização e de acordo ao seu contexto histórico-social, em que se encontram inseridos os componentes da organização, a cultura organizacional está relacionada a quaisquer modificações que geram tensões, expectativas, insatisfação e satisfação nos componentes da organização. O clima e a cultura estão intrinsecamente relacionados, pois o clima é o produto das diversas variáveis culturais compartilhadas pelos componentes da organização.

A cultura organizacional necessita muito tempo para estabelecer as práticas recorrentes da estrutura da gestão escolar, até que o grupo que a compõe estabeleça os seus pressupostos básicos para gerir e lidar com seus conflitos. Já o clima organizacional é um fenômeno temporal, que tange ao estado anímico dos componentes da organização escolar. O que podemos depreender disso é que existe uma relação causal entre o clima e a cultura organizacional; o clima é consequência da cultura organizacional. Nessa relação de causalidade entre o clima e a cultura organizacional é que a escola poderá transformar-se em um espaço de acolhida e de vivência democrática.

Escola: um espaço de acolhida e diálogo com vistas à gestão democrático-participativa

Uma gestão escolar democrático-participativa será capaz de favorecer um clima e uma cultura escolar que reintegrem as diferenças; em que se descentralize e se compartilhe na dialogicidade (Freire, 2005), na colegialidade e na participação as tomadas de decisões da comunidade escolar, como assinala Paulo Freire:

> [...] é preciso e até urgente que a escola vá se tornando um espaço acolhedor e multiplicador de certos gostos democráticos como o de ouvir os outros, não por puro favor, mas por dever, o de respeitá-los, o da tolerância, o do acatamento às decisões tomadas pela maioria, a que não falte, contudo, o direito de quem diverge de exprimir sua contrariedade. O gosto da pergunta, da crítica, do debate. O gosto do respeito à coisa pública que entre nós vem sendo tratada como coisa privada, mas como coisa privada que se despreza. (Revista Nova Escola, 1993, p. 89).

Almeja-se que a escola seja um ambiente acolhedor para professores, colaboradores, estudantes e a comunidade de forma geral. Manter um clima organizacional harmonioso e acolhedor é dever de todos, respeitando-se a cultura organizacional e os princípios democráticos balizadores da ação pedagógica de todos os atores envolvidos nos processos educacionais.

Pelo diálogo buscamos, conjuntamente, as soluções para as problemáticas que afetam a comunidade escolar, bem como problematizamos os desafios concretos (Freire, 2005) que atingem dita comunidade, que depois poderão transformar-se em temas geradores, parte integrante do conteúdo programático. O que impulsiona e transforma a *educação como prática da liberdade* (Freire, 2007) é o diálogo existencial, que funciona como o artífice da gestão democrática participativa, dado que o ato de existir é sempre dinâmico e "implica numa dialogação eterna do homem com o homem [...]. É essa dialogação do homem sobre o mundo e com o mundo mesmo, sobre os desafios e problemas, que o faz histórico" (Freire, 2007,

p. 68). A gestão democrática participativa é que auspiciará o exercício de uma *pedagogia da autonomia*, cuja mola propulsora é o diálogo respeitador da dignidade humana e fundado na ética da vida, que construirá sujeitos livres, emancipados, autônomos e, por suposto, democráticos.

Paulo Freire ressalta que os "educadores e educandos, não podemos, na verdade, escapar à rigorosidade ética" (Freire, 2006, p. 15). Se toda a gestão escolar se sentir permeada pela eticidade, a prática educativa, concebida como prática formadora, impelida pelo diálogo conscientizador e problematizador, produzirá os frutos esperados da participação ativa e democrática, geradoras da cidadania. A consciência crítica, fruto de uma prática educativa dialógica, conduz à redescoberta do sujeito no ato de educar, que sempre implicará uma atitude ética (Borges, 2013). Dessa forma, a escola será um espaço aberto de diálogo permanente, de um clima educacional acolhedor e participativo, onde se efetivará a gestão escolar democrática.

Considerações finais

Esta investigação teve por objetivo central analisar a relação entre gestão democrática, clima, cultura organizacional; e a inter-relação destes com a qualidade de ensino. O estudo foi realizado por meio de pesquisa bibliográfica, documental, e buscou confrontar as ideias de diversos autores dedicados em identificar o tema abordado com vistas à melhoria da qualidade de ensino e de uma autêntica gestão democrática.

Há uma grande diferença na concepção de gestão escolar na rede pública e privada de ensino. Na rede pública, a sucessão de cargos ocorre por meio de eleições, o que não significa que seja democrática. Já na rede privada, o gestor é indicado pela mantenedora da escola; quer seja pela via da eleição, quer seja por indicação, o gestor, após assumir o cargo, poderá pautar-se por uma prática autoritária e não permitir a efetiva participação da comunidade escolar nas tomadas de decisões relativas aos processos educacionais, que interferirão na qualidade do ensino.

Se o gestor assimilou e internalizou a democracia como uma forma de vida, e não apenas como conceito político, isso favorecerá uma cultura e um clima organizacional para a execução das atividades, tornando a escola um espaço aberto de diálogo e de acolhida, um ambiente em que as pessoas interajam com prazer e se sintam motivadas a integrar a instituição de ensino, pois, dessa forma, concretiza-se a gestão democrática escolar.

Quando a instituição de ensino respeita a cultura organizacional construída coletivamente, estabelece-se um clima de confiança, de respeito e de alegre convivência entre os atores da ação educativa, propiciando um processo de aprendizagem adequado aos estudantes, incrementando a qualidade do ensino, visando ao desenvolvimento integral de todos os envolvidos.

O maior responsável e garantidor da gestão escolar democrático-participativa é o gestor. Eleito ou indicado, no desempenho da sua gestão, os professores, colaboradores, estudantes e famílias poderão experimentar uma convivência harmoniosa, pacífica e prazerosa, ou, ao contrário, o conflito será constante, em desmedro da qualidade do ensino. Faz-se mister que o gestor analise, cuidadosamente, todas as variáveis que possam interferir no clima e na cultura organizacional, pois estes se refletirão na qualidade do produto, que é um ensino de qualidade com vistas à formação humana integral dos estudantes. Mudanças abruptas e sem o devido diálogo e colaboração, no processo de ensino e aprendizagem, nos registros acadêmicos, demissões de gestores, de professores, novas contratações, reestruturações na infraestrutura física, podem tornar o ambiente desfavorável para o pleno desenvolvimento e desempenho docente e discente.

Para fomentar uma educação participativa, democrática e construtora da cidadania, pautada na transformação social, é urgente a necessidade de que a escola se torne um espaço aberto de diálogo e acolhida, multiplicador de certos gostos e gestos democráticos, como almejava Paulo Freire. Dessa forma se concretizará o que almejava Zevedei Barbu, cuja experiência vital lhe inspirou uma análise crítico-reflexiva acerca da psicologia da ditadura e da democracia, concluindo que: a democracia, antes de ser conceito ou forma política, é uma forma de vida. Quiçá por isso o nosso competente discurso acerca da gestão democrática participativa ainda não fez história nem produziu fortes ecos, pois, em muitas instituições de ensino, existe uma ação pedagógica impermeável às mudanças.

Demonstramos que há uma relação de causalidade entre a cultura e o clima organizacional, no que tange ao favorecimento de uma autêntica gestão democrática. Destarte, estamos convencidos de que, enquanto não internalizarmos a democracia como uma forma de vida, um processo mental inerente ao ser humano, não superaremos os ranços autoritários permeados na cultura e no clima organizacional que subsistem à gestão escolar. Observamos que a qualidade do ensino se reflete e está intrinsecamente relacionada à cultura e ao clima organizacional, desenvolvido pela gestão escolar; por isso, é de suma importância o perfil e a atuação do gestor.

Seja na escola pública, seja na escola privada, almeja-se que o gestor tenha um mínimo de competência técnica e comportamental capaz de gerir pessoas, favorecendo a plena satisfação, a realização pessoal, tendo em vista a *condição humana* e os contornos do contexto histórico-social dos envolvidos no processo de gestão escolar.

Além da mudança na concepção de que a democracia é uma forma de vida, e não apenas um conceito político, a construção de uma escola pautada na gestão democrático-participativa exigirá a mudança de paradigma do conceito do que é um educador e do que será necessário ensinar nesse contexto

Comprovamos nesta investigação que a gestão democrática ainda é um grande desafio para educadores e educandos das instituições públicas ou privadas. A gestão democrática ainda é parte de uma narrativa, mas que necessitará muito tempo para ser assimilada e, de fato, concretizada: não basta votar, é preciso participar.

Mesmo que o discurso da gestão escolar esteja consolidado na ação educativa, as práticas nas instituições ainda estão longe de ser uma realidade, pois o ambiente ainda não corresponde a esse ideal de uma efetiva gestão democrática escolar. Esse é o grande desafio a ser enfrentado nas próximas décadas pelos gestores de todo o Brasil.

Referências

ARMENTEROS, A. L. I.; SÁNCHEZ-GARCÍA, Z. T. Generalidades del clima organizacional. **MediSur**, Cienfuegos, v. 13, n. 3, p. 455-457, jun. 2015.

BARBU, Z. **Psicología de la democracia y de la dictadura**. Traducción de Noemí Rosenblat. Buenos Aires: Paidós, 1962.

BARCELOS E LIMA, S. M.; ALBANO, A. G. B. Um estudo sobre clima e cultura organizacional na concepção de diferentes autores. **Rev. CCEI - URCAMP**, [s. l.], v. 6, n. 10, p. 33-40, ago. 2002.

BECKHARD, R. **Desenvolvimento organizacional**: estratégias e modelos. São Paulo: Blücher, 1972.

BERNARDINO, J. F.; SILVA, H. F. N.; QUEIROZ, F. C. B. P. Análise do clima organizacional: um estudo multicaso em empresas do estado do Paraná. **ReLAInEP**:

Revista Latino-Americana de Inovação e Engenharia de Produção, Curitiba, v. 3, n. 4, p. 131-151, 2015.

BISPO, C. A. F. Um novo modelo de pesquisa de clima organizacional. **Produção**, [s. l.], v. 16, n. 2, p. 258-273, maio/ago. 2006.

BORGES, V. **A reconstrução de uma ética pedagógica libertadora à luz de Paulo Freire**. Curitiba: CRV, 2013.

BRASIL. [Constituição (1988)]. **Constituição da República Federativa do Brasil de 1988**. Brasília: Assembléia Nacional Constituinte, 1988. Disponível em: https://www.planalto.gov.br/ccivil_03/constituicao/constituicaocompilado.htm. Acesso em: 24 fev. 2024.

BRASIL. **Lei nº 9.394, de 20 de dezembro de 1996**. Estabelece as diretrizes e bases da educação nacional. Brasília: Presidência da República, 1996. Disponível em: http://www.planalto.gov.br/ccivil_03/leis/L9394.htm. Acesso em: 4 ago. 2023.

CHIAVENATO, I. **Gerenciando pessoas**: o passo decisivo para a administração participativa. São Paulo: Makron Books, 1992.

DIAS, R. **Cultura organizacional**. Campinas: Alínea, 2003.

FRANCISCO, T. H. *et al.* A percepção mercantilista da educação superior brasileira a partir da atividade das instituições privadas. **International Journal of Knowledge Engineering and Management**, Florianópolis, v. 1, n. 1, p. 30-55, 2012.

FREIRE, P. **Educação como prática da liberdade**. 30. ed. Rio de Janeiro: Paz e Terra, 2007.

FREIRE, P. **Educação e atualidade brasileira**. 3. ed. São Paulo: Cortez; IPF, 2003.

FREIRE, P. **Pedagogia da autonomia**. 34. ed. São Paulo: Paz e Terra, 2006.

FREIRE, P. **Pedagogia do oprimido**. 42. ed. Rio de Janeiro: Paz e Terra, 2005.

GRÁCIO, R. A educação, dez anos depois: que transformações, que rupturas, que continuidades? **Revista Crítica de Ciências Sociais**, Coimbra, n. 18/20, p. 153-182, 1986.

LIBÂNEO, J. C. **Organização e gestão da escola**: teoria e prática. 6. ed. São Paulo: Heccus, 2013.

LIMA, L. C. A gestão democrática das escolas: do autogoverno à ascensão de uma pós-democracia gestionária? **Educação e Sociedade**, Campinas, v. 35, n. 129, p. 1.067-1.083, out./dez. 2014.

LÜCK, H. **A gestão participativa na escola**. Petrópolis: Vozes, 2011. (Série Cadernos de gestão).

LÜCK, H. **Gestão da cultura e do clima organizacional da escola**. Petrópolis: Vozes, 2010. (Série Cadernos de gestão).

LUZ, R. S. **Gestão do clima organizacional**: proposta de critérios para metodologia de diagnóstico, mensuração e melhoria. Estudo de caso em organizações nacionais e multinacionais localizadas na cidade do Rio de Janeiro. 2003. Dissertação (Mestrado em Sistemas de Gestão) – Universidade Federal Fluminense, Niterói, 2003.

MARTINS, M. C. F. Clima organizacional. *In*: SIQUEIRA, M. M. M. (org.). **Medidas do comportamento organizacional**: ferramentas de diagnóstico e gestão. Porto Alegre: Artmed, 2008.

PARO, V. H. **Administração escolar**: introdução crítica. 10. ed. São Paulo: Cortez, 2001.

PARO, V. H. **Administração escolar**: introdução crítica. 17. ed. rev. e ampl. São Paulo: Cortez, 2012.

PARO, V. H. **Eleição de diretores**: a escola pública experimenta a democracia. São Paulo: Xamã, 2003.

PARO, V. H. **Gestão democrática da educação pública**. 4. ed. São Paulo: Cortez, 2016.

PASSADOR, C. S.; SALVETTI, T. S. Gestão escolar democrática e estudos organizacionais críticos: convergências teóricas. **Educação e Sociedade**, Campinas, v. 34, n. 123, p. 477-492, abr./jun. 2013.

REVISTA NOVA ESCOLA. São Paulo, n. 71, nov. 1993. Especial Paulo Freire.

RIZZATTI, G. **Categorias de análise de clima organizacional em universidades federais brasileiras**. 2002. Tese (Doutorado em Engenharia da Produção) – Universidade Federal de Santa Catarina, Florianópolis, 2002.

ROBINS, S. **Comportamento organizacional**. 14. ed. São Paulo: Pearson Education Brasil, 2010.

SOUZA, R. Â. Explorando e construindo um conceito de gestão escolar democrática. **Educação em Revista**, Belo Horizonte, v. 25, n. 3, p. 123-140, dez. 2009.

SOBRE OS AUTORES

Adriane Pinheiro da Silva é mestra em Educação (PUCPR); especialista em Didática do Ensino Superior (PUCPR) e Direito Educacional (Faculdade Bagozzi); e graduada em Pedagogia (UFPR), tem experiência na área de educação da educação infantil ao ensino médio (professora, orientadora educacional, coordenadora pedagógica e diretora pedagógica da educação infantil). Editora de conteúdo da coleção "Explorar – educação infantil", da Pearson Education do Brasil (2015). Participa, desde 2017, do grupo de pesquisa Formação Continuada dos Gestores das Instituições de Educação do Estado do Paraná (PUCPR). Assessora pedagógica e coordenadora do Centro de Educação Infantil Espaço Infantil de (2019-2022). Em 2023, passou a trabalhar com formação continuada de professores.
Orcid: 0000-0002-4827-9958

Alboni Marisa Dudeque Pianovski Vieira é doutora e mestra em Educação (PUCPR); mestra em Gestão de Instituições de Educação Superior (Universidade Tuiuti do Paraná); licenciada em Pedagogia (PUCPR); e bacharel em Direito (UFPR). Professora do curso de Pedagogia e do Programa de Pós-Graduação em Educação (mestrado e doutorado) da PUCPR, tem experiência na área de educação, com ênfase em história da educação, políticas públicas e formação de professores. É membro integrante do BASis como avaliadora para credenciamento e recredenciamento institucional, autorização e reconhecimento de cursos de graduação e EaD. Foi bolsista de Produtividade da Fundação Araucária do Paraná e é bolsista de Produtividade em Pesquisa 2 do CNPq, assim como editora-chefe da *Revista Diálogo Educacional*, Qualis A1, do Programa de Pós-Graduação em Educação da PUCPR.
Orcid: 0000-0003-3759-0377

Carlos Eduardo Sanches é doutorando em Educação (UFPR); mestre em Educação (PUCPR); e bacharel em Comunicação Social (UEPG), foi secretário de Educação de Castro/PR (2005-2011); presidente da Undime Nacional (2009-2011); e presidente do Conselho Nacional do Fundeb (2010-2011). É conselheiro do Conselho Estadual de Educação do Paraná, membro do Instituto Campanha Nacional pelo Direito à Educação e sócio-proprietário da C.E. Sanches & Cia. Tem experiência na área de gestão pública, com ênfase em administração educacional, atuando principalmente nos seguintes temas: educação pública, política educacional, gestão educacional, valorização dos profissionais da educação e financiamento da educação.

Orcid: 0000-0002-4758-6614

Diana Gurgel Pegorini é doutora e mestra em Educação (PUCPR); especialista em Metodologias Inovadoras na Ação Docente (PUCPR) e em Formação para Professores e Tutores em EaD (UFPR); licenciada em Pedagogia (Unisul), em Língua Inglesa (Cefet/PR); e graduada em Secretariado Executivo (PUCPR), atuou como coordenadora e professora do curso Tecnológico em Secretariado em EaD e de MBA em Secretariado e Assessoria Executiva da Fatec. É professora efetiva do IFPR desde 2012. Na pós-graduação, atua nos seguintes cursos: especialização em Gestão e Negócios e especialização em Gestão Social de Políticas Públicas. É vice-coordenadora do curso de Pedagogia.

Orcid: 0000-0001-8080-054X

Edson Rodrigues Passos é doutor em Educação (PUCPR); mestre em Educação (Universidade Tuiuti do Paraná); com especialização em Linguística Aplicada ao Ensino de Língua Portuguesa (UFPR); e licenciatura em Letras Clássicas e Vernáculas – Português (UFPR). É professor da Secretaria do Estado da Educação do Paraná e da rede privada de ensino. Tem experiência na área de letras, com ênfase em língua portuguesa, atuando principalmente nos seguintes temas: língua portuguesa e educação.

Orcid: 0000-0002-7167-1413

Erika Ferreira Floriano é doutora em Educação (PUCPR); mestra em Direitos Humanos e Políticas Públicas (PUCPR); especialista em Ensino da Matemática, em Neuropsicologia Educacional e em Psicopedagogia (Universidade Positivo); graduada em Ciências Sociais (PUCPR); e formada no Magistério pelo Colégio Sagrado Coração de Jesus. Professora desde 2012, com experiência em educação infantil, ensino fundamental I, ensino médio e formação de professores em redes de ensino particulares e no setor

público. É gestora da *Revista Veredas*, no Departamento de Desenvolvimento Profissional da Secretaria Municipal de Educação de Curitiba.
Orcid: 0000-0002-4367-4473

Haroldo Andriguetto Junior é doutor em Educação (PUCPR); mestre em Administração (PUCPR); especialista em Tecnologias e Educação a Distância (Unicid); bacharel em Administração (PUCPR), atuando na educação básica privada como coordenador administrativo, desde 2009, e diretor escolar, desde 2019. Diretor de escola de educação básica e diretor administrativo do Sindicato dos Estabelecimentos Particulares de Ensino do Estado do Paraná.
Orcid: 0000-0002-3698-000X

Jakeline Krast é mestra em Educação (PUCPR); com especialização em Gestão Estratégica de Pessoas (PUCPR); e graduação em Publicidade e Propaganda (Universidade Positivo). Participa desde 2017 do grupo de pesquisa Formação Continuada dos Gestores das Instituições de Educação do Estado do Paraná. É coordenadora de Educação Continuada na Escola de Negócios da PUCPR, atuando principalmente nos seguintes temas: formação de professores, fases na vida dos professores, gestão democrática, gestão de pessoas, educação continuada.
Orcid: 0000-0002-6108-3052

Joelcio Saibot é mestre em Educação (PUCPR); com pós-graduação em Formação Humana (Faculdade União Vila Velha), em Gestão Escolar (Senac/SP) e em Teoria Cognitivo-Comportamental (PUCPR); graduação em Teologia (Faculdade Vicentina), em Filosofia (Faculdade Vicentina) e em Psicologia (Faculdade Guairacá). Sacerdote na Igreja Católica Apostólica Romana (2012-); diretor de Ensino da Faculdade Vicentina (Curitiba, 2018-); professor do curso de graduação em Teologia da Faculdade Vicentina; coordenador do curso de pós-graduação lato sensu de Instituições Sociais e Obras Religiosas (2018-2021); formador das etapas de Filosofia e Teologia (2020-2021); conselheiro provincial da Congregação da Missão Província do Sul (2020-2022); e pároco da Paróquia Santo Antônio de Pádua (Balneário Piçarras/SC, 2022-).
Orcid: 0009-0006-0475-3108

Maria Lourdes Gisi tem pós-doutorado em Educação (Universidade de Genebra); é doutora em Educação Brasileira (Unesp/Marília); mestra em Educação (UFPR); com especialização em Metodologia do Ensino Superior (UFPR); e graduação em Enfermagem (Faculdade de Enfermagem São José/SP). É professora titular do Programa de Pós-Graduação em Educação da PUCPR e membro do conselho editorial da *Revista Diálogo Educacional*. Coordena o grupo de pesquisa Políticas Educacionais: Concepções e Práticas. Na UFPR, foi coordenadora do curso de Enfermagem, coordenadora-geral dos Estágios e representante do Setor de Saúde no Conselho de Ensino e Pesquisa. Professora aposentada da UFPR, foi decana da Escola de Educação e Humanidades da PUCPR (2003-2013); e bolsista Produtividade da Fundação Araucária/PR (2015-2017).
Orcid: 0000-0002-0474-474X

Sirley Terezinha Filipak é doutora em Educação (PUCPR); mestra em Educação, na área de concentração em Recursos Humanos e Educação Permanente (UFPR); graduada em Pedagogia (UFPR), com habilitação em Administração Escolar. Professora Adjunto III, no curso de Pedagogia da PUCPR, atua também como docente na linha pesquisa História e Políticas da Educação no Programa de Mestrado e Doutorado em Educação, na mesma instituição, e coordena o grupo de pesquisa Formação Continuada dos Gestores das Instituições de Educação do Estado do Paraná. Tem experiência na área de educação, com ênfase em gestão de sistemas educacionais, atuando principalmente nos seguintes temas: gestão educacional, formação de professores, educação básica e superior, políticas educacionais, legislação educacional, educação de jovens e adultos.
Orcid: 0000-0003-4264-1626

Valdir Borges é doutor em Educação (PUCPR); mestre em Filosofia (PUCPR); com graduação em Filosofia (PUCPR), em Matemática (PUCPR) e em Teologia (PUC Chile). Tem experiência nas áreas de filosofia, educação, teologia, matemática e Direitos Humanos. Desde 2008 atua como professor no Departamento de Filosofia e na Escola de Educação e Humanidades da PUCPR. É autor de livros e artigos nas áreas de filosofia, educação, ética, teologia e Direitos Humanos. Participa efetivamente, desde 2017, do grupo de pesquisa Formação Continuada dos Gestores das Instituições de Educação do Estado do Paraná; e, a partir de 2019, do grupo de pesquisa

Políticas Educacionais: Concepções e Práticas, vinculados ao Programa de Pós-Graduação em Educação (mestrado e doutorado) da PUCPR e ao CNPq.

Orcid: 0000-0002-4671-9542

Vanessa Rita Barazzetti é doutoranda do Programa de Integração Latino-Americana, linha de pesquisa Comunicação e Cultura (USP); mestra em Educação; com pós-graduação em Gestão Empresarial, com ênfase em Marketing; e graduação em Comunicação Social – Jornalismo (PUCPR). Trabalha no Setor de Comunicação da Fundação Araucária. Faz parte dos seguintes grupos de pesquisa: Formação Continuada dos Gestores das Instituições de Educação do Estado do Paraná (PUCPR), coordenado pela Prof.ª Dr.ª Sirley Terezinha Filipak; e Curta Ciência! Jornalismo, Divulgação e Comunicação no Contexto Brasileiro e Latino-Americano, coordenado pelo Prof. Dr. André Chaves de Melo Silva.

Orcid: 0000-0002-9889-8896